U0738126

蓝灯行动——
高校志愿服务创新与公益创业研究

孙杰　周来　漆晚霞　李震　著

中国纺织出版社有限公司

内 容 提 要

本文以"蓝灯行动"为契机，分为理论篇和实践篇。理论篇主要介绍了蓝灯行动的项目情况和执行团队、项目可行性分析、特色课程、行动方案、宣传推广、发展战略、风险管理以及公益创业等内容，实践篇对课程教案和志愿者的志愿心得进行了梳理。

本书可供从事公益创业者及相关研究者参考使用。

图书在版编目（CIP）数据

蓝灯行动：高校志愿服务创新与公益创业研究／孙杰等著. --北京：中国纺织出版社有限公司，2021.9
ISBN 978-7-5180-8747-1

Ⅰ．①蓝… Ⅱ．①孙… Ⅲ．①孤独症—儿童教育—特殊教育—教育研究 ②高等学校—青年志愿者行动—社会服务—研究—中国 Ⅳ．①G766 ②G646 ③D432.6

中国版本图书馆 CIP 数据核字（2021）第 155603 号

责任编辑：范雨昕　　特约编辑：陈怡晓
责任校对：寇晨晨　　责任印制：何　建

中国纺织出版社有限公司出版发行
地址：北京市朝阳区百子湾东里 A407 号楼　邮政编码：100124
销售电话：010—67004422　传真：010—87155801
http：//www.c-textilep.com
中国纺织出版社天猫旗舰店
官方微博 http：//weibo.com/2119887771
三河市宏盛印务有限公司印刷　各地新华书店经销
2021 年 9 月第 1 版第 1 次印刷
开本：787×1092　1/16　印张：10.75
字数：252 千字　定价：88.00 元

前　言

　　公益创业是近年来在全球兴起的全新创业理念。随着我国经济社会发展进入新时代，人民日益增长的对美好生活的需要和不平衡、不充分的发展之间的矛盾已经成为我国社会当前和未来一定时期的主要矛盾。积极发展公益创业，将会在推动社会进步，促进社会和谐发展，提升社会治理能力的过程中发挥越来越重要的作用。

　　本书以"蓝灯行动"为契机，分为理论篇和实践篇。理论篇主要讲述了蓝灯行动的项目情况和执行团队、项目可行性分析、特色课程、行动方案、宣传推广、发展战略、风险管理以及公益创业的相关内容，实践篇梳理了课程教案和志愿者的志愿心得。

　　本书逻辑清晰、图文并茂、体系完整、结构合理，设置栏目丰富、可读性强。本书可供从事公益创业者及相关研究者参考使用。

　　由于本书作者水平有限，书中难免存在疏漏和不足之处，敬请广大读者批评指正。

著者

2021 年 1 月

目　录

理论篇

实践篇

理论篇

第1章 蓝灯行动

1.1 项目概况

自闭症儿童寡言少语，兴趣狭窄，行为异常，智力落后，难以成长，他们有一个诗意的统称——"星星的孩子"，国际自闭症研究中心在 2011 年为帮助他们发起了"点亮蓝灯（light it up blue）"行动。2012 年 4 月 2 日，为了响应联合国的号召，全世界六大洲的 30 多个国家有超过 1400 栋地标性建筑物为世界自闭症意识日（WAAD）点亮蓝灯，以唤醒社会对自闭症问题的关注。例如，上海东方明珠电视塔、广州塔等全国各地标志性建筑都亮起了蓝灯，以支持自闭症公益宣传。蓝灯志愿团的志愿者们以此为灵感，发起了"蓝灯行动"，关爱和帮助自闭症儿童。

蓝灯行动项目经过十年的发展，拥有活动场地约 400 平方米，配套设施专业齐全，服务于武汉 2000 多名自闭症儿童及其家庭，参与"蓝灯行动"的大学生志愿者达 8000 人次，志愿服务达 5100 小时。

"蓝灯行动"的发起者们于 2016 年成立了武汉市武昌区蓝灯儿童社会工作服务中心，入选为武汉市三大自闭症儿童活动基地之一，首创自闭症儿童艺术疗养课程，并将模式拓展到十所高校。作为一家围绕改善自闭症儿童自理能力以及提高社会化能力的机构，对自闭症儿童的生活、学习进行观察和指导，进而提供生活帮扶、行为观察、学习指导、家长咨询和社会教育等服务。中心志愿者主要由艺术专业、社会专业、心理专业、特殊教育专业、舞蹈专业、声乐专业的人员和社会人士组成，并聘请社会知名创业导师、心理咨询师、残疾事业工作者作为专家顾问团。

1.2 项目背景

自闭症是一种由神经系统失调导致的广泛性发育障碍，其病因不明，药物治疗效果不佳，目前最有效的方法之一是对自闭症儿童进行早期的教育干预。若不及时加以干预，患者的症状将愈加严重，并伴随终生。根据自闭症儿童的医疗分类，轻度∶中度∶严重患者的比例是 6∶3∶1，患有自闭症的儿童长期不与父母和他人沟通，语言发育迟缓，不能上学、和其他孩子玩耍，甚至生活不能自理，对于一个家庭而言是一个沉重的打击，更是一个严峻的社会问题。对于父母而言，用"万里长征"来形容与自闭症的斗争一点也不为过，在生理上、心理上、财力上，有形无形的考验都是巨大的。自闭症儿童需要关爱，其家庭更是需要帮助。

统计表明，全球自闭症平均发生率占人口总量的千分之四，大约每 20 分钟，地球上就有一名自闭症儿童诞生。最新数据显示，全世界自闭症患者已达 6700 万人。近 20 年间，确诊的自闭症患儿数量上升百余倍；我国自闭症患儿数量在 160 万人以上。

目前我国自闭症儿童面临人数增长快、入学难、专业辅助机构少、治疗费用高、康复难等问题，需要政府投入、民间资助、志愿者援助，但所服务的行业状况却一直未能达到必要的高度。

2007 年 12 月联合国大会通过决议：从 2008 年起，将每年的 4 月 2 日定为"世界自闭症日"，以提高人们对自闭症和相关研究与诊断以及自闭症患者的关注。自闭症的概念由美国约翰斯·霍普金斯大学专家莱奥·坎纳于 1943 年首次提出。自闭症患者家庭和社会各界的爱心人士身着蓝色服装，并在全球社交网站发起点亮蓝灯行动，传递"世界自闭症日"和"点亮蓝灯行动"的图标和宣传资信。自闭症儿童康复协会、大福基金、壹基金等公益组织、机构和网络平台积极响应，举办了自闭症相关宣传公益活动。

1.3 项目意义

1.3.1 社会层面

志愿服务活动是中国优良传统的延续，是构建社会主义和谐社会的内在要求。开展志愿服务活动，体现了组织助人为乐的高贵品质和关心公益事业、勇于承担社会责任、为社会无私奉献的精神风貌。残疾儿童康复事业是全社会的事业，必须广泛动员全社会力量共同做好这项工作。要加强宣传，弘扬人道主义和中华民族的传统美德，增进全社会对残疾儿童的了解，激发社会各界关心、帮助残疾儿童的爱心。要鼓励民间力量开展志愿服务活动，兴办残疾儿童康复机构，积极引导利用社会现有设施、设备及资源为残疾儿童提供志愿服务。要建立广泛的志愿者队伍，为残疾儿童提供更多的帮助。"蓝灯行动"正是利用自身特色和优势，以及专业知识，为残疾人康复事业贡献一份力量。

1.3.2 高校层面

培养在校大学生将所学的知识运用到实践中，学以致用，了解理论知识与实践运用之间的联系，做到学以致用，巩固专业知识，同时也增强自我奉献与团队协作精神。鼓励在校大学生积极投身到公益创业项目中，培养一颗奉献爱人的心。

1.4 发展历程

"蓝灯行动"的执行团队发展历程见表 1-1。

表 1-1 发展历程

时间	事件
2011 年 9 月	团队发起人陈晨在陪伴自闭症患儿捏泥塑的过程中发现，做手工可以明显让孩子变得安静、专注

续表

时间	事件
2011 年 11 月	陈晨发起并成立了蓝灯志愿团，成员达到 40 人
2011 年 12 月	志愿者部与湖北省疾病预防控制中心取得联系，并得到他们大力支持。这为今后的活动提供了全方位的保证，不仅是经济上的支持，并且得到了政策上的帮助
2012 年 1 月	志愿者团队在学校申报了寒假社会实践活动，被评为校级重点团队
2012 年 3 月	团队牵头并联合四所部属高校、两所省属高校等相关学校，组织成立武汉市自闭症儿童帮扶联盟
2012 年 10 月	团队重新定位和改组，不断完善，除关爱自闭症儿童外，还增加了环保项目和关爱老年人项目
2012 年 12 月	为自闭症儿童举办了圣诞节许愿活动，并获得圆满成功。进行宣传、问卷调查、讲座、徒步行等活动
2013 年 3 月	在汉口江滩为自闭症儿童举办放飞梦想——放风筝活动
2013 年 3 月	在华中科技大学为志愿者进行关爱自闭症儿童公益讲座培训会
2013 年 3 月	蓝灯志愿团为山区孩子征集小笔头
2013 年 3 月	人民网、《楚天都市报》等 12 家媒体以《"蓝灯行动"照亮"星星的孩子"》等为题发文引起广泛关注
2013 年 4 月	在中科院武汉植物园举行"自然开启艺术人生"活动。帮助自闭症儿童接触大自然，得到广大媒体关注
2013 年 4 月	为雅安灾区募集资金、帐篷、食物、饮用水等
2013 年 5 月	向学校申报暑期实践团队，并获得了优秀实践队伍称号
2013 年 10 月	参与由万科集团在汉口江滩主办的"爱的每一步　爱心公益长跑"活动
2013 年 12 月	在校内举行大型义卖苹果活动，所得款项全部用于关爱自闭症儿童项目
2014 年 1 月	蓝灯志愿团参与举行元旦文艺演出
2014 年 3 月	武汉市自闭症亲友会经民政局批准成立公益社会组织
2014 年 4 月	蓝灯志愿团与武汉碧桂园集团成功开展"星星的孩子画春天"户外拓展活动，武汉教育电视台开展了 2 个小时的专题报道
2014 年 5 月	获得武汉纺织大学大学生青春榜样人物团体奖
2014 年 5 月	项目在湖北省"创青春"大学生创业大赛上获得金奖，并作为全省唯一公益创业项目做公开答辩，获得最具潜力奖
2014 年 5 月	举行六一"闪光的小星星"活动，自闭症儿童家庭参与达 200 人
2014 年 5 月	在湖北省首届人道公益创意大赛上获得湖北省首届人道公益大赛复赛第一名、腾讯网络投票第一名、决赛第一名。著名主持人崔永元、湖北省慈善形象大使孙汀娟作为评委力挺项目

续表

时间	事件
2014 年 6 月	纳入湖北省红十字会公益项目，进行暑期社会实践活动
2014 年 7 月	联合三所高校，举办自闭症儿童夏令营
2014 年 10 月	获得全国"创青春"大学生创业大赛银奖
2014 年 12 月	在湖北省高校达人秀总决赛上开展众筹，筹集 20 个孩子一年的公交卡费用，26000 多元，全部捐赠给自闭症儿童家庭
2015 年 2 月	注册成立武汉市蓝灯广告设计工作室，涉及公益广告、产品设计
2015 年 5 月	获得中国杭州大学生创业大赛决赛三等奖
2015 年 7 月	项目通过追梦网 Dreamore 发起众筹，半个小时转发量达到 4000 多次，仅用 1 个小时的时间就筹集了 2400 多元，顺利完成了目标
2015 年 8 月	注册成立杭州兰灯教育科技有限公司
2015 年 11 月	获得全国志愿者服务大赛银奖
2016 年 1 月	注册成立武汉蓝灯教育科技有限公司，入驻国家级大学生创业孵化基地
2016 年 3 月	受邀前往北京参加全国学雷锋推进会，获得首届全国志愿服务"四个 100""最佳志愿服务项目"受到中央文明办、中组部、中宣部、民政部、全国妇联表彰
2016 年 4 月	获得洪山十佳志愿服务团队表彰，在洪山区志愿服务表彰大会上做发言，有关领导给蓝灯志愿者点赞
2016 年 4 月	参加湖北省残疾人康复中心活动，湖北省团省委书记，湖北省关工委、湖北省残联领导亲切寄语蓝灯志愿者
2016 年 10 月	注册成立武汉蓝灯儿童社会工作服务中心，入驻湖北省妇女儿童孵化基地、武汉市妇女儿童孵化基地，获得武汉市家公益大赛第一名
2016 年 12 月	获得中国青年公益创业大赛银奖、受到央视主持人白岩松专访
2017 年 5 月	参加首届中国纺织类高校大学生创新创业大赛，获得三等奖
2017 年 11 月	开展"关心你的残疾人邻居"武汉市项目
2017 年 12 月	与武汉大学守望星园社会融合体验活动，华中科技大学星光障碍儿童服务中心，武汉体育学院联合举办打开"星"扉与爱同行关爱障碍儿童趣味运动会
2017 年 12 月	在第四届中国青年志愿服务项目大赛暨志愿服务交流会上获得全国青年志愿服务示范项目创建活动提名奖
2017 年 12 月	第六届"阿克苏诺贝尔中国大学生社会公益奖"最终评选结果揭晓，蓝灯志愿团荣获"阿克苏诺贝尔中国大学生社会公益 MCA 特别奖"及最佳故事分享奖
2018 年 3 月	前往武汉知已康复医院，为 20 多名自闭症、脑瘫患儿带来了一场生动的扎染课。开设以"寻找中国的绣娘"为主题的绣、染、编、织课程，并与医院合作建立 1000 多平方米的专业教学活动场地

时间	事件
2018 年 4 月	参加了"守望星空公益音乐会"活动，接受了来自湖北电视台综合频道新闻 360 栏目"帮女郎"的采访
2018 年 12 月	蓝灯志愿团申报的"寻找中国的绣娘"项目在第四届中国青年志愿服务项目大赛暨 2018 年志愿服务交流会上荣获全国金奖、优秀项目入库奖两项殊荣
2019 年 2 月	举办"迎接春天"义卖活动
2019 年 3 月	开展蓝灯志愿团亲子运动会
2019 年 4 月	举办"消除误区　倡导全纳"世界孤独症日科普活动
2019 年 5 月	举办"劳动节"社区志愿活动
2019 年 6 月	举办 K11 艺术村学习交流和捐赠仪式
2019 年 7 月	举办大学生志愿者结对医护专家开展暑期社会实践活动
2019 年 9 月	举办"九九"义卖
2019 年 11 月	举办关爱脑瘫患儿日常活动、感恩节活动、亲子运动会
2019 年 12 月	参加武汉市高校环保交流论坛、蓝灯志愿团圣诞节活动、圣诞义卖
2020 年 2 月	举办致敬城市守护者、爱心捐赠
2020 年 3 月	举办中国教育在线高校双创直播公益讲座、自创玩偶绘本、线上课堂传递爱
2020 年 4 月	举办艺织独秀一元助力！线上义卖，受疫情影响，改为网络授课的形式，举办自闭症儿童海报设计大赛

第 2 章　蓝灯志愿团

2.1　团队名称

　　蓝灯志愿团成立于 2011 年 11 月，曾经命名为蓝灯小组、蓝灯志愿服务团，后经简化，2014 年起更名为蓝灯志愿团（图 2-1），经过十年的发展，团成员分为蓝丝带（帮扶自闭症患儿）、红丝带（艾滋病知识宣传）、银丝带（老年人关怀）和绿丝带（城市环保）四个组。年均举行大型活动 5 次左右，日常活动 30 余次，累计志愿者服务达 1000 余小时，受众达 300 余人。

图 2-1　2014 年蓝灯志愿团主要骨干成员合影

2.2　团队标志

　　团队标志是由一个蓝色灯泡围绕着一双向上托起星星的手组成的（图 2-2）。蓝色灯泡象征着蓝灯志愿团的"蓝灯行动"，黄色的星星象征自闭症儿童，向上托起的手象征着志愿者伸出他们的爱心之手，为自闭症孩子托起希望的星星。整个标志以单线完成，充满艺术感，从起始贯穿到终点，没有断开，也表达着本项目多年以来一脉相承，从未间断，并将长期传承下去。此标志已经注册为国家商标，受法律保护。

图 2-2　团队标志

2.3　团队使命

团队本着"奉献、友爱、互助、进步"的志愿精神指导思想
开展工作,从成立之初就积极开展一系列具有良好的示范带头作用和社会影响力的志愿服务活动。始终以播撒爱心、与人为善为己任,不断带领广大学子积极服务社会,传播志愿服务精神。

2.4　团队目标

团队旨在用参与艺术活动来帮助自闭症儿童得以缓解病症,促进自闭症儿童对社会适应的能力,更是借此帮助自闭症患者融入社会。

2.5　团队架构

团队架构如图 2-3 所示。

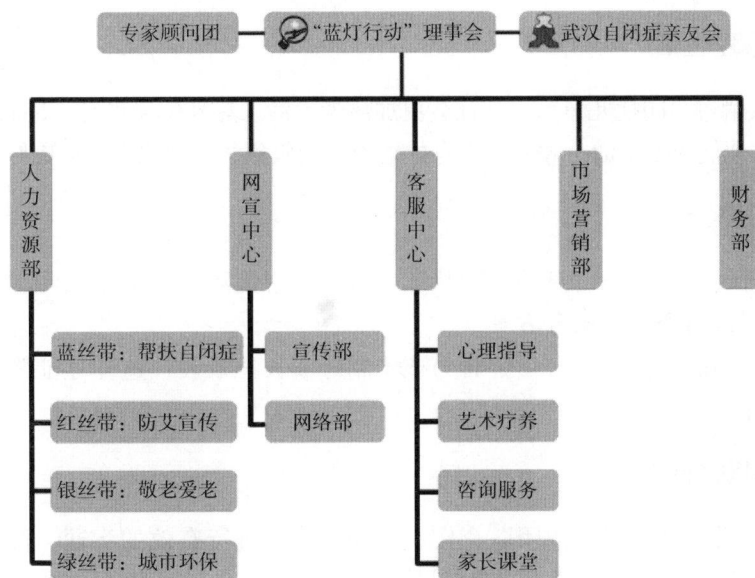

图 2-3　团队架构

2.6　团队组成

团队由 10 余所高校的专业教师和志愿者、社工、媒体人员、家长组成,现有成员 126 人(其中大学生 101 人,社会人士 25 人),累计成员 435 人。

2.7 团队文化

项目以"让更多的'星星'的孩子看到美好的未来"为宗旨，坚持用心服务就是核心竞争力，以目标导向，从员工基本的职业素养和职业技能入手，结合自闭症康复机构这一行业自身的特点，提升志愿者的文化素养，构建一支高效的服务团队，打造核心文化，提升企业的文化软实力，同时，也利用自己已有的专业知识更好地服务他人，回馈社会。

2.7.1 以专业为己任

团队成员所面对的对象是一群特殊的人群，他们不愿接触社会，唯一能帮助他们的办法就是通过专业的技术来帮助他们融入社会。成员必须以专业为己任，以爱为辅佐，共同搭建一个星星的家园。

2.7.2 和蔼待人

除去专业的心理导师之外，团队成员最基本的职业素养就是态度和蔼。自闭症患者又称孤独症患者，他们需要的是他人给予更多的爱。成员必须以爱为准绳，为自闭症患儿提供帮助。

2.7.3 热爱生活

志愿者在接触过自闭症儿童后，往往会更加热爱生活。热爱生活也是志愿者基本的职业素养。因为只有比他们更爱生活，才能够设身处地为他们服务，帮助他们获得更好的生活。

2.7.4 服务至上

团队将针对每一位孩子自身的不同状况，包括身心健康状况、生活习惯、兴趣爱好等全方位评估，制订出合适的服务方案。

信息搜集中心的工作人员必须定时为孩子制订成长记录表，这样才能随时准确地掌握孩子的成长状况。

2.7.5 团队合作

志愿者团队需要进行卓越的团队合作，主动开放地进行有效的沟通，倾听他人的意见和观点，积极分享信息，共同协作，达到共赢的满意结果。这不仅要求各部门加强协同合作，也要求中心与政府、高校、相关医院等一系列相关部门进行沟通，建立互惠互利、友好合作关系，为项目一体化、产业化发展提供契机。

2.7.6 不断创新

创新是必不可少的工具。团队成员应当积极采取开创式的思维和方法进行突破，不断地进行技术、科技、文化等方面的创新，以便更好地接触患者，了解患者，从而达到更好的治疗效果。

第3章 项目可行性分析

3.1 实施必要性

据联合国网站消息，2013 年 4 月 2 日，潘基文秘书长当天特别发表录像致辞指出，各国政府应继续投资于造福自闭症患者的服务，并赋予他们权利，发挥他们的潜力，使他们能够更好地融入社会，成为社会的宝贵成员。而我国当前慈善事业面临的突出问题主要有以下几个方面。

3.1.1 慈善组织和机构数量较少，募捐能力较弱

目前针对自闭症的慈善组织和机构数量较少，志愿者协会和义工协会刚刚起步，具有广泛影响力的基金会数目不多。据统计，1990 美国非营利性慈善组织大约有 140 万个，德国、英国和瑞士的基金会都在 1 万个以上。另外，慈善机构募捐能力较弱，募捐来的善款额小。一份慈善公益组织的调查显示，国内工商注册登记的企业超过 1000 万家，但有过捐赠记录的不超过 10 万家，换言之，99% 以上的企业从来没有参与过捐赠。目前我国人均慈善捐助不足 1 元钱；而有些国家，如美国 70% 以上的家庭有过捐赠，平均每家捐赠额 900 美元，占家庭总收入的 2.2%。

3.1.2 慈善专项法律法规尚不健全，社会捐赠减税免税政策还不够完善

我国虽然已经制定了《公益事业捐赠法》《社会团体登记管理条例》《基金会管理条例》，但是现行的法律法规尚不足以规范、保护和促进这项事业的发展。当前仍需从法律上明确慈善组织的性质、慈善活动的程序、慈善组织的监管机制；仍须规定慈善主体的进入资质、公益产权的界定、投融资方式及退出路径等。一些有意从事慈善事业者之所以驻足观望，多种原因就在此处。另外，社会捐赠减税免税的政策还不完善，影响大宗善款募集。现行法规对个人和企业捐助的善款减税免税比例偏低，享受全额免税的仅有红十字会、中华慈善总会等 12 家慈善机构，因此大大挫伤了企业慈善捐助的积极性。

《中华人民共和国慈善法》（以下简称《慈善法》）已由中华人民共和国第十二届全国人民代表大会第四次会议于 2016 年 3 月 16 日通过，自 2016 年 9 月 1 日起施行。中华民族乐善好施、守望相助的优良传统将在法律的规范与保障下发扬光大。《慈善法》共 12 章 112 条，涉及慈善组织的申请登记、监督检查和个人发布求助等问题。其中明确了慈善组织、捐赠人、受益人三类慈善活动主要参与主体，享受税收优惠的权利；明确了对开展扶贫济困的慈善活动要实行更特殊的优惠；允许企业捐赠结转以后三年扣除。

3.1.3 一些慈善组织缺乏公信力，难以吸引广大公众慷慨解囊

当前在开展慈善捐助活动时，变相摊派普遍存在。有的单位经常组织被动性捐款，引起公众反感。社会上的慈善组织良莠不齐，知名度很高、公信力很强的慈善组织还很缺乏。有些慈善机构在管理上存在不少漏洞，缺少自律机制，善款使用随意性很大，甚至发生过以"义卖""义演"为名，行中饱私囊之实，社会影响极坏。

3.2 社会可行性

3.2.1 国家初步形成推进残疾儿童康复的工作机制

多年来，随着我国残疾人康复事业的深入发展，逐步形成了以"政府主导、有关部门各负其责、密切配合，社会力量广泛参与"推进残疾儿童康复的工作机制。政府相关部门组成的残疾人康复工作办公室负责残疾儿童康复工作的组织管理、规划制定、经费筹措、协调实施，开展残疾预防工作。民政部对各类福利机构和社区服务机构中的残疾儿童开展康复、教育，组织实施"残疾孤儿手术康复明天计划"，救助贫困残疾儿童。教育部指导特殊教育机构开展残疾儿童康复工作；支持和推动基层聋儿康复等相关机构的建设，开展特殊教育工作。国家发展和改革委员会将残疾人康复工作，特别是残疾儿童相关康复机构设施的建设纳入国民经济和社会发展总体规划。财政部加大对残疾儿童康复工作的投入，支持中国残联专项彩票公益金残疾人康复项目的实施，救助贫困残疾儿童康复。全国妇联呼吁全社会关心残疾儿童，开展宣传教育活动，促进残疾儿童的康复、教育和权益保护工作。

3.2.2 残疾儿童康复服务网络初步建立

各级妇幼保健机构、福利机构、特殊教育学校始终在为各类残疾儿童康复服务。大部分省级、地市级以及部分县级机构具备了为残疾儿童提供康复服务的能力。残联系统的康复中心、聋儿康复中心、辅助器具资源中心、低视力康复机构建设，带动了各级各类残疾人康复服务机构的建设和规范化发展，初步形成了为残疾儿童提供有效康复服务的网络。

这些重大举措，将为残疾儿童康复带来新的更加美好灿烂的春天。

3.3 可持续性分析

在自闭症康复的社会组织中，志愿康复机构为主体，但存在许多典型现象和问题，如志愿机构鱼龙混杂，过分追求经济利益，资金和师资匮乏，社会认知程度不高等。

民办康复机构可持续性发展策略有二：第一是规范行业管理，如民办自闭症康复机构的组织管理以及其三条运行思路；第二是设立自闭症康复专项基金。

民办康复机构的可持续性发展，在整个自闭症康复社会组织系统中扮演着重要角色，在学龄前儿童阶段、中小学教育年龄阶段、成年及老年自闭症康复的不同阶段都离不开其参与。

3.4　市场需求迫切

据了解，世界主要发达国家的自闭症发病近年来一直呈上升趋势，因此有人称全世界正处在一个流行自闭症类障碍的时代。如日本抽样调查的统计，1980 年以前，每一万人患自闭症者为 0.7 ~ 10 人；1980 年以后，为 9 ~ 12 人；1996 年为 21.08 人。另一项统计称，1991 ~ 1996 年日本公布的自闭症发病率中间值为每万人 4.4 人；1992 ~ 2001 年公布的自闭症发病率中间值为每万人 12.7 人；儿童广泛性发育障碍（简称 PDD）的发病率在每万人 27.51 人以上（见日本荒木穂积教授《日本自闭症儿童的医疗、教育、福利政策现状及课题》）。美国教育部数据显示，在过去的 10 年美国自闭症诊断人数增长了 7 倍，仅 1998 年至 1999 年，美国加州学龄儿童的自闭症诊断人数就增加了 210%，自闭症确诊人数在欧洲大陆也有增长。

有研究表明，全世界范围内的自闭症发病率已达 1/150，而在 20 年前只有万分之一；全世界现有自闭症患者 3500 万人，其中 40% 是儿童；全世界自闭症儿童的数量年增长率在 10% ~ 17%；全球每 20 分钟就有一名自闭症儿童诞生。有关机构调查后认为，在我国自闭症发病率也与欧美日本等发达国家一样呈上升趋势，所占人口比例也相近。2001 年，中国首次将儿童精神残疾列入残疾儿童抽样调查范围，圈定 0 ~ 6 岁的 6 万名儿童为调查对象。中国残疾人普查报告数据显示，自闭症发病率已占中国各类精神残疾首位，平均每 500 个儿童中就有一个是自闭症患者。同时，这个比例还在不断增长。记者认为，由于中国人口众多、人口基数大，且医疗机构分布不均衡、对自闭症的诊断和统计数据手段方法较落后等原因，中国的孤独症患者究竟有多少还是个谜，但总人数应该不会少。问题的关键是，欧美日本等发达国家已经将自闭症患者纳入社会保障体系，使他们享有社会保障及能够分享社会发展进步的成果，解除了生老病死的后顾之忧。而在我国，对于自闭症患者的福利与社会保障还处于刚刚起步的初级阶段，多数自闭症患者及其亲友还处于自我救赎、自我挣扎、孤立无援的困境中。随着人们对于自闭症及其后果认识的不断深入，2007 年，我国残联开始把自闭症康复纳入精神病康复中，选择了 31 个试点城市，发挥妇幼保健、特殊教育网络和有关社会力量作用，探索建立自闭症儿童早期筛查、早期诊断、早期康复训练的干预体系，并统一编写康复训练教材，开展自闭症儿童康复训练、筛查、诊断专业人员的培训工作。2008 年，全国人大常委会通过了新修订的《中华人民共和国残疾人保障法》，明确县级以上人民政府应当将残疾人事业纳入国民经济和社会发展规划，加强领导，综合协调，并将残疾人事业经费列入财政预算，建立稳定的经费保障机制。

我国公益事业市场潜力是巨大的，据中投顾问发布的报告显示，截至 2011 年 6 月 30 日，我国参与公益事业用户已达 4.85 亿人，公益事业普及率达 36.2%，全社会公益意识不断增强。由此，随着公益事业的不断普及，蓝灯志愿团的服务市场将得到进一步拓展，由点及面，团队通过服务范围的扩大，逐渐在中国公益事业市场占取一定的份额，其市场容量也将逐步辐射到全国各大中小城市。

据不完全统计，目前湖北省自闭症儿童数量已近 2 万人，武汉市自闭症儿童达 5000 多人。大部分自闭症儿童在武汉进行康复训练。2014 年 4 月，湖北省第一个专门为自闭症儿童服务的门诊，在武汉市精神卫生中心（工农兵路院区）正式启用。调查显示，家长目前最需要得到的就是免费或价格适宜的机构服务。

蓝灯志愿团作为一个关注自闭症儿童成长的公益性社会组织，经过10年的努力，已经逐渐被广大民众所认识，在公益品牌进行了有益的探索，并开展服务，必将受到市场欢迎。当然也要看到：我国特殊教育行业近几年发展更加成熟，但作为人口经济大国，其自闭症儿童教育的现状及前景并不十分乐观，在特殊教育市场上也存在一个明显的缺口。例如，特殊教育机构注重身体残疾而忽视心理残疾话题，通过全搜索网站上展开的网调结果显示：有超过65%的网友对"特殊教育自闭症患儿——艺术疗养"表示出赞同。

现阶段，家长对自闭症教育的投入不断增长。据统计，自闭症儿童的教育投入几乎接近家庭收入的全部。家长总是想方设法让自己的子女获得更好的教育，代价就是高额的费用。他们也迫切感受到孩子适应社会能力的重要。普通学生升学教育方式的不断扩大，对特殊教育市场和自闭症儿童本身造成巨大的冲击。

综上所述，在需求方面，公益教学培训行业的需求量巨大。它既迎合了家长对子女学习水平提升的需求，又弥补了政府在教育投入与发展方面的不足。从成本收益角度分析，公益教学培训行业可以在各自获得巨大的收益时，所付出的成本与传统教育途径相比大幅减少。

目前从事公益教育培训的组织机构较少，且规模和影响力都不大。目前市场上占主导地位的仍是费用高昂的家教培训课程，但规模都不大，只局限于周围可影响的较小范围；师资力量不足，缺乏青年成员，虽经验上有优势，但与自闭症儿童的交流度不高，教学效果不明显。

据观察，在过去几年，类似公益教学培训的组织也有很多，由在校大学生组织的也不少。但都只是局限于小规模的地区，且多为民间行为，未得到官方和社会的广泛认可。因此影响力都比较有限，规章制度不健全，且教学效果一般，由此导致延续性不够。由此可以看出，武汉市的公益教学培训市场开发度并不高，发展空间十分大，这也给组织提供了巨大的成长空间。

3.5　政府大力支持

3.5.1　实施重点康复工程，为残疾儿童提供康复服务

国务院批准的《中国残疾人事业"十一五"发展纲要》启动实施，配套实施方案，关注到视力、听力语言、智力、肢体、孤独症等各类残疾儿童的康复需求，并把康复与救助紧密结合起来。一方面，针对广大残疾儿童急需的基本康复需求，实施一批重点工程，为残疾儿童提供康复服务；另一方面，面向贫困残疾儿童，加大救助力度，扩大受益范围。各级地方政府进一步加大对残疾儿童康复救助的投入，为建立残疾儿童康复救助机制积累经验。进一步动员社会力量关心帮助残疾儿童，营造残疾儿童康复事业发展的良好环境。残疾儿童康复事业是全社会的事业，必须广泛动员全社会力量共同做好这项工作。加强宣传，弘扬人道主义和中华民族的传统美德，增进全社会对残疾儿童的了解，激发社会

各界关心、帮助残疾儿童的爱心。鼓励民间力量兴办残疾儿童康复机构，积极引导利用社会现有设施、设备及其他社会资源为残疾儿童提供康复服务。建立广泛的志愿者队伍，为残疾儿童提供更多的帮助。

3.5.2 政府投入逐渐加大，促进公益创业事业逐步发展

从政府投入角度来看，据近年的趋势可看出，中央财政与地方财政不断加大对公共教育的投入与支持。2014 年，根据国家"残疾儿童康复救助'七彩梦行动计划'实施方案"，湖北省人力资源和社会保障厅、湖北省财政厅、湖北省残疾人联合会、湖北省卫生和计划生育委员会共同颁发了"湖北省 0~6 岁贫困残疾儿童抢救性康复救助工程实施方案"，方案对每例残疾儿童补贴 8500 元，国家项目补贴经费由中央负担，省 0~6 岁项目经费由省与市、县（市、区）分级负担，省财政为不足部分各地根据救助补贴标准补足，将所需资金列入年度财政预算。

另外，与欧美发达国家相比，中国的公益教育起步比较晚，这需要政府相关部门或社会组织在已有经验的基础上结合中国实际，开发相应的公益创业培训课程及教材，提高公益创业的实效性。

目前，部分省市已经逐步开放了对少数类型社会组织的登记审批，社会组织可以到民政部门直接登记，解决"找业务主管单位难"的问题，有利于公益创业的实质性推动。

同时，民政部门和相关企业可以设立大学生公益创投基金，为好的公益项目提供资金支持，并通过政府购买服务的方式优先采用他们的公共服务产品，也可鼓励民众通过设立相关公益基金的方式，吸引大学生创业。对于属于公益创业的社团和非营利组织等，政府相关登记部门和金融财税部门应在手续办理和贷款税收等方面予以扶持和鼓励。另外，在条件允许的情况下，建立公益创业孵化基地，为大学生公益创业提供全程服务。

3.6 慈善及公益创业教育加强

做公益并不是一件难事，一个 6 岁的加拿大小男孩瑞恩在朋友们的共同参与支持下，通过 5 年时间筹款近百万加元，创办了"瑞恩的井"基金会。一些有社会责任感的企业，也在积极倡导和参与慈善与公益事业。比如恒源祥集团发起的"恒爱行动"，就召集了数十万名爱心父母为孤残儿童编织了超过 57.4 万件爱心毛衣。联想集团则支持了联想青年公益创业计划大赛，获胜团队成员都将获得联想集团提供的进入著名基金会、知名公益组织实习的机会。

面对大学毕业生就业难的问题，有公益创业意识的年轻人更具有社会责任感，企业在招聘中更喜欢有社会责任感的人，社会应该加强对年轻人的慈善公益意识的教育。企业相关人员表示"经过汶川地震等灾难事件，我们也发现中国青年不缺乏慈善意识和责任感，但我们不能指望靠灾难唤起他们的这种意识，就只有加强慈善公益教育"。

党的十八大把创业作为大的方针提出来，教育部也明确要求把创业教育深入开展下去，要切实帮扶一些大学生实际创业，要求在教学中把创业教育融入教学课堂中，随着市场经济的深入，大学生应该改变过去的就业观，提高在市场经济中独立生存、独立发展的

意识。

无论是从大学生事业发展的角度，还是从他们适应市场经济能力，成为一个在市场经济环境中有所作为的人才的角度，对他们进行公益创业教育都是比较好的。

3.7　高校资源共享

失业、贫困、环境恶化等社会问题困扰着现代社会发展，单靠政府的力量难以有效解决这些问题；即便拓展企业社会责任，营利性的目标追求也制约着企业对解决社会问题的贡献；非营利组织可以发挥重要作用，但仍有力不从心之处。

高校公益社团是大学生服务社会、奉献爱心的载体。参与社会公益活动对提高大学生的社会责任感和使命感具有重要意义。高校之间的合作促进各高校之间的资源共享、能力互补，同时能更好地为公益活动服务。同时高校平台能提供更多的信息和机会，为更多自闭症儿童能接受更好的教育而服务。同时提高自身的特殊教育教学能力，增强高校学生的社会责任感。

蓝灯志愿团成立与高校合作的公益团体，为自闭症儿童上课，帮助他们学习，帮助激发他们的潜能。从绘画课、音乐课、舞蹈课、体育课这些基本课程上来引导他们。每一个志愿者与自闭症孩子交流的过程就是走进自闭症儿童的内心，与他们建立友谊，这是公益力量。对于孩子，蓝灯志愿团的成员能做的除了关爱，对于家庭，需要做的是让他们形成互助。许多人对自闭症有一种误解，他们认为这些孩子生活无法自理，不可理喻，无法沟通，但通过三年多的接触，蓝灯志愿者发现其实他们跟正常孩子一样，有自己的兴趣、爱好，有自己的梦想追求，只是他们表达的方式可能与一般的孩子不同而已。

3.8　公益实践，融入社会

社会上大多数人对自闭症这种疾病尚缺乏了解，不能正确看待，从而对自闭症患者产生一些误解和歧视。因此蓝灯志愿团现在做的就是与社会交流，志愿者走出学校、走进社会、扶弱助残、承担社会责任，向大家宣传自闭症并不可怕，让更多的人加入帮扶自闭症患者的行列。

蓝灯志愿团是一个充满激情与爱心的集体，在这里志愿者们积极地与孩子们沟通与互动。对于他们，志愿团只有一个信念：让他们能够融入其中，不再感觉孤单。当然志愿团也会定期请一些志愿者老师来跟孩子做些游戏治疗，效果很好。

自闭症是世界上患病人数增长最快的严重疾病之一，但目前存在的种种问题，使得很多这样的孩子错过了最佳的治疗与学习阶段。很多情况下，他们的父母不是不愿让他们得到治疗，而是让他们得到帮助的机构少之又少，目前很少有权威的机构能给他们专业化的指导。这些孩子其实有融入社会的可能性，但由于资源的缺乏，而让他们终生受到伤害。蓝灯希望运用专业化知识创造一个规模化、专业化的新型教育机构，形成"教育、医疗、心理、成长"一体化的服务特色，创造行业领先角色。当知名度打响后，更多的自闭症儿童家长会将孩子送到这里来，"蓝灯行动"这个品牌就是蓝灯志愿团的核心竞争力。在湖北省获得了规模效应后，就面向全国打开市场，到时候蓝灯志愿团争取在国内市场占据一定的份额，这样可以帮助更多的孩子成长，也为志愿团谋得更好发展。随着政府和社会对自闭症儿童的关注，相信这一巨大的市场力量会逐渐被发现出来的。

中国父母对儿童学前教育的重视所表现的投资度是十分可观的，自闭症儿童的教育是一种特殊的儿童教育，所蕴含的市场前景也十分可观。自闭症儿童康复训练的高昂费用，让很多家庭难以承受。志愿者会举行爱心义卖、蓝丝带签名活动、公益表演和爱心企业捐赠等活动，以此来帮助更多的自闭症儿童家庭。

"蓝灯行动"创新性的整合政府、企业及社会组织力量和资源，有效解决社会问题的优化方式。企业捐助公益事业，"授人以渔"的同时，通过为公益组织提供志愿服务提升员工投身公益事业热情，提升企业的社会责任感和良好形象。

公益策划就是将企业变成"公益企业"，将产品变成"公益产品"，将营销变成"公益营销"，将品牌变成"公益品牌"。自然，"一切公益"的企业做任何事情都是公益之举，从事的任何事业都是公益事业。如此一来，企业自然能够获得社会及大众的高度赞赏与认同，企业的发展也将进入高峰期。

蓝灯志愿团通过在武汉自闭症亲友会的活动，发出了 2000 份调查问卷，收回有效问卷 1808 份，根据调查结果显示，其中 85% 的自闭症家长表示愿意加入自闭症儿童康复计划。另外，在调查中，已有超过 65% 的家长对"艺术疗养"表示赞同，如图 3-1 所示。由此可见，中心的发展将会得到大多数人的支持。

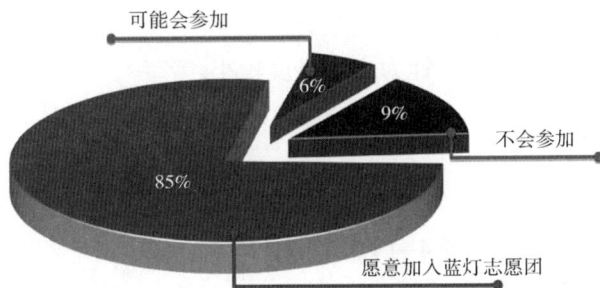

图 3-1　调查结果

根据蓝灯志愿团的定位，自闭症儿童及其家长均可作为目标受众，自闭症孩子可以像正常孩子一样学习、交友，告别孤单童年，家长在对孩子个性的培养上也找准了一个方向。

蓝灯志愿团主要帮扶 3~24 岁自闭症患者及患者家长，其次是在独生子女、单亲孩子、留守儿童。先从周边的同学、同事、朋友的圈里为孩子寻找年龄相当的伙伴，父母在孩子的社交活动中，可以恰当地给予帮助，如及时介入化解矛盾，解决冲突并耐心地加以教导，让孩子在冲突中慢慢学会交往技能，锻炼交往能力。通过一段时间的交往会慢慢形成一个稳定的交际圈，父母可以再逐步扩大到更大的陌生的交往群体。

第4章 特色课程

4.1 绣

4.1.1 课程目标

（1）使学生掌握刺绣的相关知识，了解刺绣的一般手工过程，掌握刺绣创作技法。

（2）体现学习活动的乐趣，获得亲身参与实践的积极体验和丰富经验。

（3）形成对自然、社会、自我之内在联系的整体认识，发展对自然的关爱和对社会、对自我的责任感。

4.1.2 课程内容

（1）收集有关刺绣的相关资料，了解刺绣的发展历史。

（2）了解刺绣的各种针法、材料以及工具。

（3）刺绣系列课程以直绣、平针为主，难度较小。

4.1.3 课程安排

4.1.3.1 初级阶段制作（制作丝带绣抱枕）

初级阶段学习丝带绣抱枕（图4-1）。

课程用具：抱枕、绸带、针、打火机。

注意事项：

（1）区分缎带的正面与反面（光泽度好的为正面，无光泽的为反面），一般使用光泽面。

（2）绣时动作不宜太快或力量太大，特别是在穿入底布后拉紧丝带成形时，避免花叶变形及底布发皱。

（3）丝带在背后用打火机轻烧一下按在布上，结头尽量要小，过大会影响到装裱效果。

图4-1 丝带绣抱枕

（4）学习过程以患儿及其家长的想法为主，教师的辅助教导为次，锻炼他们的动手操作能力，为患儿提供一个自由施展的空间。

4.1.3.2 中级阶段（制作汉绣团形扇面）

中级阶段学习汉绣团形扇面的制作（图4-2）。

课程用具：真丝制作扇面，准备扇坠、流苏、玉器等做手柄上的装饰。

注意事项：

（1）鼓励患儿及其家长自行设计图案，图案可以是花鸟山水，造型简单，却优雅别致。培养他们对美感的认知。

（2）患儿和家长的一针一线给了这柄扇子别具一格的韵味。让团扇不再仅仅是让人把玩于手，而是作为一件极具收藏价值的艺术品。让传统文化融入了日常生活。

（3）鼓励每一位患儿及其家长继承与发扬中华传统文化，学习非物质文化遗产汉绣。

4.1.3.3 高级阶段（制作汉绣服装装饰）

高级阶段学习汉绣服装技艺（图4-3）。

用古老的汉绣技艺制作服装的装饰。除了制作全手绣的传统戏服、荆楚民间服饰外，还可以制作可供现代人日常穿着的围巾、礼服等，汉绣服装类型丰富，设计感十足，均运用汉绣元素，独具风韵。

在国际时装周的舞台上，模特可以穿上患儿和家长制作的汉绣服装在活动现场展示。

图 4-2 汉绣团形扇面

图 4-3 汉绣服装装饰

4.2 染

4.2.1 教学目标

通过介绍扎染图案的设计要求、变形方法以及工具与材料的准备，使学生对扎染工艺的设计和扎制有初步的认识和了解。同时要求患儿正确地运用扎染的基本方法，根据自己所设计的图案进行实际操作。

4.2.2 教学内容

（1）通过参观展览、欣赏等方式，了解扎染的历史、文化、特点以及分类。

（2）通过讲解、当场示范、指导等方法，初步掌握各种扎染技法制作过程。

（3）通过动手操作、模仿民族工艺品、交流经验和总结等方法，掌握各种扎染技法的操作技能。

4.2.3 课程安排

4.2.3.1 初级阶段（印染 T 恤）

初步阶段学习印染 T 恤（图4-4）。

课程用具：形状合适面料的服装、硬纸板、尺子、刻刀、丙烯颜料、海绵刷等材料。

步骤：

（1）设计想要印染的图案，用硬纸板做出图案模板，在冷冻纸上描绘出模板图案，用刻刀刻去多余的部分。

（2）把雕刻好的图案摆放在扇面上，用熨斗熨平整，选择喜欢的颜色涂色，等颜色干了之后，把冷冻纸去掉即可。

注意事项：

鼓励患儿及其家长大胆尝试印染，培养动手操作能力，使作品创作更加丰富多样。最后由老师做最终点评，表扬优秀作品，鼓励患儿继续学习印染技巧。

4.2.3.2　中级阶段（扎染丝巾）

中级阶段学习扎染丝巾（图4-5）。

扎染工艺分为扎结和染色两部分，通过纱、线、绳等工具，对织物进行扎、缝、缚、缀、夹等多种形式组合后进行染色。首先用线将被印染织物打绞成结后，再进行印染，然后把打绞成结的线拆除的一种印染技术。

鼓励患儿及其家长发挥自己的想象力和动手能力，为各式各样的丝巾添色加彩。染后会有不同的效果显现，给生活带来一丝不同的艺术气息。

4.2.3.3　高级阶段（扎染抱枕）

高级阶段学习扎染抱枕（图4-6）。

按照先扎后染的方法将抱枕的枕套进行扎染，等待晾干以后填入棉花，添加装饰。扎染抱枕晕色丰富，变化自然，把艺术与生活结合，趣味无穷。

患儿及其家长可以根据自己的需求制作好抱枕，使作品功能性更强，样式更丰富。完成的作品实用性很高，不仅能够自己使用，还可以用于公益义卖。

图4-4　印染T恤

图4-5　扎染丝巾

图4-6　扎染抱枕

4.3　编

4.3.1　课程目标

（1）激发自闭症患者对编织的兴趣，养成爱动手操作的习惯。

（2）让自闭症患者了解编织作品制作的全过程，掌握编织的技巧。

（3）培养自闭症患者的动手能力、观察能力和创新能力，开发智力。

4.3.2 课程内容

（1）学会基本编织方法，学会制作 2~3 个简单作品。

（2）具有初步编织的能力后，可根据掌握的编织基础创作简单的作品。

4.3.3 课程安排

4.3.3.1 初级阶段（编织手链）

初步阶段学习编织手链（图 4-7）。

课程用具：剪刀、编织绳和其他装饰品。学习平结、单平结、十字结等编织方法，广泛的选择性能够引导患儿及其家长选择自己喜欢的方法编织。

同时鼓励他们开创自己的编织方法，激发、锻炼他们的创作思维。

图 4-7　编织手链

4.3.3.2 中级阶段（编织中国结）

中级阶段学习编织中国结（图 4-8）。

确定中国结的线路图案，准备编织的结形、颜色与饰物要搭配得当，大小相宜。先将结心拉紧，以防变形；再调整耳翼大小及形状。用珠针固定，用钩针、镊子辅助抽拉。最后，在中国结的尾端，编一个简单的小结或穿上珠子等饰物。

注意结形美观和搭配。灵活运用中国结式的意义及典故，可在中国结上镶一些相配的小珠子或其他饰物加以点缀，以增添结饰的美观性。以此方式，学习并传承中华传统文化。

图 4-8　编织中国结

4.3.3.3 高级阶段（竹编收纳筐）

高级阶段学习竹编收纳筐（图 4-9）。

确定小筐的大小形状，将塑料编条整理好，横竖编条上下交叉进行编织，以此方法编织筐的五个面。

贴近生活的学习内容，提高了患儿及其家长的动手能力以及社会能力。不限制具体形状模式，鼓励患儿及其家长自由发挥，在轻松的状态下完成作品的创作。自己动手制作实用性较高的物品，节省了生活中不必要的开支。

图 4-9　竹编收纳筐

4.4 织

4.4.1 课程目标

（1）激发患者对编织的兴趣，养成爱动手操作的习惯。

（2）让患者了解编织作品制作的全过程、掌握编织的技巧。

（3）培养患者的动手能力、观察能力和创新能力，开发智力。

4.4.2 课程内容

（1）学会编织的基本钩线方法，学会制作2~3个简单作品。

（2）具有初步编织的能力后，可根据掌握的编织基础创作简单的作品。

4.4.3 课程安排

4.4.3.1 初级阶段（编织花簇）

初级阶段学习编织花簇（图4-10）。

准备两根棒针和毛线，学习拿针方法：两手持针，右手针在虎口上，线从食指绕过，经中指、食指下面绕在小指上。右手针可搭在手腕上，也可夹在腋下，右手拇指送针，食指挂线，左手退针。毛线用双股线编织，学习最主要、最简单的交叉罗纹针织法。

鼓励患儿及其家长在家勤操作。

图4-10 编织花簇

图4-11 针织创意小包

4.4.3.2 中级阶段（针织创意小包）

中级阶段学习针织创意小包（图4-11）。

患儿及其家长在日常生活中免不了要使用挎包、手提袋，自己动手制作，可以培养其动手创作能力，也可以让自己的东西变得独一无二，从中寻找乐趣，提高生活质量。

准备粗棉线和勾针等工具。根据设计的版型大小，确定针数和针的类型。学习织单罗纹针、元宝针、正针、反针，先织好小包的基本型，最后进行点缀装饰。

4.4.3.3　高级阶段（编织玩偶）

高级阶段学习玩偶等工艺品编织（图 4-12）。

准备钩针、不同颜色的毛线和大头针等工具。先用毛线打个圆圈，在圆圈里钩五个短针，以此方式分别做玩偶的头、身体、耳朵、脚和手。每一行开头要做一个起立针，结束要做一个引拔针。最后将玩偶的各部位缝合到一起填入棉花。需要注意两只耳朵的间隔是四个短针的距离。缝合完后用纽扣在头上缝上眼睛和嘴巴。

自己亲手制作的玩偶可以送给亲朋好友，意义更加特别。

图 4-12　编织玩偶

第5章 行动方案

5.1 行动背景

目前国内专业研究机构数据表明，2000年后确诊的自闭症患儿数量上升百余倍。研究报告显示，我国自闭症患儿数量在160万人以上。武汉市自闭症患者已经达到5000多名，他们长期不与父母和他人沟通，语言发育迟缓，而且现在的大部分学校不愿意接收自闭症患儿，这就造成了一个问题：即自闭症患儿与人的交流沟通问题。这不仅仅是一个家庭的挑战，它已经成为严峻的社会性问题了。自闭症儿童需要关爱，同时其家庭更是需要帮助，为此蓝灯志愿团发动400多名志愿者加入帮扶自闭症儿童的行列。

5.2 行动受益方

蓝灯志愿团成立于2011年，迄今帮助了武汉周边400余名自闭症儿童及其家庭，现在每周六都有40余名儿童参与到艺术疗养的课程中，2011年来有20余名患儿在这里顺利毕业，他们的生活自理能力得到了很好的锻炼，最终能够慢慢适应社会。今后，蓝灯志愿团将帮扶更多的自闭症儿童及其家庭。

5.3 行动目标

通过每周六的艺术疗养课程，志愿团的目标是：

（1）初期目标：因为自闭症的康复需要一个漫长的过程，志愿团的初期目标是通过绘画、音乐、舞蹈等课程让孩子的心能够安定下来，不受外界环境的干扰，集中注意力。这本是件很简单的事，但是对于他们却需要几个月甚至一年时间来适应。

（2）中期目标：通过日常课程以及户外活动的接触，志愿者和孩子已经非常熟悉，在原有课程基础上志愿团也针对其兴趣对课程做了些微调整。兴趣是最好的老师，现在有好多孩子已经能够适应这里的上课模式并能很好地跟志愿者进行互动。

（3）最终目标：在施教的同时也在受教，互相学习，在他们适应志愿团的治疗模式的基础上，交流开始变得尤为重要。现在志愿团要做的就是引导其多与志愿者以外的人沟通交流，渐渐融入社会。

志愿团的远期展望是在帮扶武汉周边自闭症家庭的基础上并向其他城市发展，随着自闭症患者增长速度的不断加剧，使得这个特殊群体得到的关注也越来越多。

5.4　行动内容

（1）通过绘画、音乐、舞蹈、陶艺和手工等艺术课程，既促进了自闭症儿童的康复，并且从中产生了大量的艺术作品，包括工艺品、书签、绘画品、装饰品。经项目组包装后，作品在具备公益价值的同时，也产生了商业价值。全年产生艺术作品 300 余件，其中文化衫、马克杯、抱枕等产品可进行批量复制，数量倍增。

（2）开展绘画展、舞蹈表演、体操表演、"鼓"动蓝天等活动促进自闭症儿童的社会成长：全年举行大型活动 20 次，日常活动 100 余次。

（3）与十余家企业联合，进行公益创业，筹集活动资金，义卖作品。

（4）线上线下双线销售儿童艺术作品，互联网平台、高校食堂、社会超市建立慈善货架，开展自闭症儿童的艺术作品义卖活动。

（5）不断推进政府、企业、媒体、高校的循环帮扶，搭建爱心联盟及社会公益平台。通过慈善捐赠等形式募集更多资金，帮扶自闭症家庭渡过难关。

（6）将各期开展的艺术疗养的儿童成长效果、进步、课后家庭表现通过各种形式的文字采集、整理存储做成成长记录袋，为关爱自闭症儿童提供第一手的文字档案。

（7）在微博、微信公众号、QQ 群内开展家长课堂，立足武汉、辐射全国，使上万个家庭及患儿受益。

（8）开展家长课堂，培训自闭症儿童家长的护理知识、生活规范，促进精神上的相互慰藉。

5.5　行动特色

与上述其他营利性的康复组织相比，志愿团的优势主要体现在以下几个方面：

5.5.1　活动理念

志愿团的目标不是营利，而是为了给武汉市的自闭症儿童提供公益性的服务。

5.5.2　课程教育

注重以艺术（绘画、音乐、舞蹈）方法与经验传播为主，知识性讲授为辅；同时介绍丰富多彩的课外知识，介绍自己大学生活方面的相关感受。这一点是其他传统公益教育培训与以前的类似活动所没有做到或做好的一点。

5.5.3　成员特色

志愿团的成员大都是高校大学生，都是大学中的佼佼者，有着比较丰富的学习经验、有效的学习方法。同时在艺术专业具有较高的水平，更具有丰富的志愿工作经验。这对于自闭症儿童是迫切需要的东西。而且志愿者与患儿之间年龄差距不大，较利于彼此的沟通，保证了较好的学习效果。

5.5.4　外部性优势

鉴于志愿团活动的公益理念和良好的效果预期，可以得到政府、学校、企业等的支持和帮助，这将能极大限度地降低志愿团活动的成本，也有利于资源充分利用。志愿团成员的社会人脉较广，可以以此扩大活动影响力度，便于突破地域限制，有利于志愿团的长远发展。

5.6　行动延续

十年来，志愿者在不断更新，公益行动一直在继续，随着自闭症患者增长速度的不断加快，志愿团的行动基地由 1 个变成了 4 个，现在公益行动已经在武汉市武昌、汉阳、汉口等多个地区开始开展，在帮扶武汉周边自闭症家庭的基础上并向其他城市发散，自闭症儿童这个特殊群体得到的关注也越来越多。

公益创业就是社会组织（企业、非营利组织等）在经营过程中，将社会价值与经济价值创造性地融合的过程。运营主要为非营利机构采用创造性的商业运作模式提升其社会价值，包括志愿公益活动、创建非营利性组织、兼顾社会效益的企业及产学研一体化四个方面的内容，主要工作方向如下：

（1）改进技术。提高经济效益、提高服务质量、增加课程、采用先进的、适用的新技术、新方法、新设备等对现有设施条件等进行改造。

（2）选择合作伙伴。公益项目一定要和企业本身的特性结合起来，这才是可以持续发展的模式。公益需要跟合作伙伴的活动非常契合，要理解合作伙伴。另外，要选择合作伙伴，需要选能够优势互补的。有了好的设想，如果没有执行力度，还是达不到原来预想的结果，合作一定有分工。

（3）网络营销。心动营销、论坛营销、线上营销、互联网营销、在线营销、口碑营销、视频营销、网络事件营销、社会化媒体营销、微博营销、博客营销、知识营销、品牌联播整合营销、百科营销、知道、贴吧、推广、B2B 营销、B2C 营销、网络品牌推广、邮件营销、即时聊天软件营销，网络精准推广等。

（4）校园活动。校园活动策划、校园场地租赁、校园活动推广、校园活动执行。

第6章　宣传推广

6.1　宣传目标

"蓝灯行动"是线上和线下结合运营的志愿服务模式，所以在推广的时候主要采用网络推广和线下活动宣传同时进行的方式，对目标市场进行的深入分析，可以了解到在自闭症儿童对"蓝灯行动"急切的需求，对社会公益也有很大的影响，而且电子商务行业发展前景很好。因此，二者的结合会有很大的发展空间。通过传统和新的理念进行的推广方式，会使蓝灯项目具有独特的竞争优势。采用线上线下结合的方式，巨大的客流量和众多的合作伙伴都将为"蓝灯行动"提供了大量的资金、人员以及品牌效应，从而实现公益效益最大化。同时建立战略联盟，在手工作品、绘画、图书等方面开展义卖，创造出了"蓝灯行动"独特服务平台。

营销方式上，前期考虑开展多种宣传活动，目的是使大众更快了解"蓝灯行动"的服务及其便利性等。

"蓝灯行动"以一种创新性的模式进入社会，希望以其丰富的内容和优质的服务吸引社会人士的目光，帮扶更多的自闭症儿童，从而在市场上占据一定份额，形成一定的品牌效应。根据对目前社会背景的分析以及公司理念，制订以下短、中、长期三种宣传目标，见表6-1。

表6-1　宣传目标

短期宣传目标	通过宣传手段树立品牌	通过开展多形式"关爱星星的孩子"户外宣传活动、日常艺术疗养课程等扩大自己的目标市场
中期宣传目标	多元化发展	联合其他儿童产品企业，加入手工品、玩具、书画等多种义卖活动，同时增添竞赛项目以及旅游项目，为项目可持续发展提供平台
长期宣传目标	优质服务，科技更新	在多元化发展的基础上不断更新技术和内容，同时引入先进治疗仪器和便利设备，全面高效地服务自闭症儿童

6.2　宣传渠道

宣传初期，着重开展线下活动，通过社区活动引导孩子认知、沟通和学习。中后期，将线上线下服务相结合，招募"蓝灯天使团"，丰富线上募捐活动，增加网站流量，开展多样活动。在项目快速发展的同时，注重科技和服务创新，促进多元化发展，逐步形成专业化公益服务。为此，志愿团确立了在网络宣传为主导下，线上、线下推广相结合的宣传战略方针。

6.2.1 战略联盟

针对目前国内儿童产品特点，志愿团进一步制订了一套预期的战略联盟的计划，在前期主要是与大型知名儿童产品企业联盟，在一定时间或点击率内提供免费的广告服务，并对应的在其实体店中开放公益品义卖专点；在中期加大企业联盟，对于自动靠拢的中小企业进行产品质量调查进行有选择的合作联盟，保证"蓝灯行动"优质品牌，打造专业化力量。现在国内儿童产品市场，国产产品和进口产品各分天下，外国知名品牌奶粉，如牛栏、爱他美、惠氏、恩贝儿等，国内品牌如蒙牛、伊利、圣元等。志愿团可以尝试与这些厂商建立战略联盟关系，选取其中的一家或多家，为需要帮扶的自闭症儿童提供一个爱心捐助的儿童产品平台，方便消费者的同时，提高"社会公益"的性质。

6.2.2 传统渠道

在初期，组织调查小组定期对社会各人群意见进行反馈，对客户的要求精心改进，做到高目标、强动力的发展。

（1）加大"蓝灯行动"宣传力度，扩充服务对象范围。通过各种宣传渠道以及部分免费的服务，吸引群众。

（2）与大型儿童产品企业联系，订立合作协议。与企业合作推广产品，开展爱心公益活动，通过销量的提升为自闭症儿童捐献较高爱心基金。

（3）定期对客户进行意见反馈调查。提高服务质量，维护客户权利，加深顾客对本项目的肯定和支持。在"蓝灯行动"开展的同时，加强对受帮扶儿童的意见反馈与调查，发现潜在需求，对现有的活动及服务提供不断完善的途径。只有通过优质全面的服务才能从根本上保证需求，扩大知名度，降低社会压力。与此同时，加强对爱心认识的意见和需求了解，在爱心公益捐赠的同时，提高公益品的实用性，提高爱心人士的满意度。

（4）在更多社区开展"蓝灯行动"活动。通过社区活动，给自闭症儿童提供更多交流的机会，同时也为周末能同孩子一起的家长创造了一个充满乐趣与挑战的平台。每次活动可以与一个儿童产品企业或儿童培训机构进行共同举办，获得公益赞助，从而可以使活动能同时在多个社区展开，并能长久举办。

6.2.3 新媒体的运营

运用微信、新浪微博、抖音直播等新媒体提供品牌知名度和影响力，并在中后期开发APP移动客户端，提供手机爱心信息推广，实现自闭症儿童需求随时随地发布。

6.3 宣传过程

6.3.1 初期宣传——公益讲座校园行

（1）组织计划开展自闭症日讲座。让在校学生认识了解自闭症，并引导学生参与关于自闭症的各项活动。

（2）通过与武汉一些高校合作立足高校资源，走进武汉各个高校，宣传项目。

（3）建立 QQ 群，通过相关微博、博客、豆瓣、社会公益论坛和网站等在互联网上进行广泛宣传，努力做到让社会都能够给予关注。

6.3.2 中期宣传——公益展示进社区、进网络

（1）制作有关自闭症的宣传展板，走进社区介绍自闭症的基本情况等，并且帮助人们改变对自闭症儿童的看法。

（2）对于志愿团前期的一些工作安排和计划进行汇编及网络平台宣传报道、提高公众影响力。

（3）对于提供资金的爱心企业与公益部门及个人进行表彰，让相关媒体报道此事，并在此过程中提高人们对于自闭症这个特殊团体的关注。

（4）徒步走宣传。每年四月二日是世界自闭症日，为宣传自闭症，志愿团举办徒步走活动。途中每人持有关于自闭症的知识的宣传单并分发给街上行人。徒步走的形成会规定一个目的地，到达以后开展讲座活动。志愿者会与自闭症儿童家长一起向大家宣传自闭症。

（5）微博宣传。"蓝灯行动"项目利用微博平台进行自我宣传，在微博上发布有关于团队项目的成果、公益新闻及成果等，并定期更新微博，扩大关注度，利用微博来开展与残疾帮扶公益相关的微讨论、微调研等活动，通过视频与图片等增加点击率和转发率，进而达到宣传的目的。

（6）微信宣传。"蓝灯行动"项目申请了官方认证的微信公众号，将团队的平台建设和其他公益活动的成果在微信上进行实时宣传展示，并且不定时推送相关知识，宣传传承汉绣理念，蓝灯志愿团的微信公众号也将作为志愿者的征集平台，鼓励高校学生积极参加志愿活动，或者为政府部门志愿活动招募志愿者，塑造蓝灯志愿致力奉献、践行公益的形象。从而提高蓝灯志愿团在志愿服务领域的知名度，蓝灯志愿团的官方微信也为民众和企业提供了一个项目洽谈的平台，方便项目的承接。下一阶段，志愿团将致力于进一步推广蓝灯志愿团微信公众号和开发微信新功能，完善蓝灯志愿团微信平台。

（7）网络众筹。本项目利用互联网发起众筹、向公众展示，推广汉绣公益理念，并推出汉绣特制文化衫及马克杯，公众支持 100 元以上即能获得一件作为纪念。

6.3.3 后期宣传——公益思想进头脑、进人心

（1）争取与当地政府合作，扩大活动的影响力并进行范围广、效果好的宣传。

（2）整理一些志愿团的爱心宣传和一些与自闭症孩子互动的宣传片，用于网络平台的宣传。

（3）让志愿团的志愿者定期到武汉周边人流量大的地方进行宣传，争取让周围的人都能了解这个群体。

第7章　发展战略

7.1　总体战略

7.1.1　使命

志愿团的使命是为自闭症儿童提供一个全新的学习、交友、成长的环境，同时为自闭症儿童的全面发展提供科学合理的培养模式。

7.1.2　宗旨

"蓝灯行动"项目以孩子至上作为团队宗旨，团队力图将儿童健康成长、全面发展通过简易的平台完整地结合起来，方便父母，服务社会。推出了一系列科学的、富有创意的服务，并在运行的过程中将之不断完善，缩短时间周期，扩大服务对象范围，贴心完善的服务是团队始终追求的宗旨和目标。

通过为客户提供科学、新颖、全面的服务，并通过不断提升技术水平，丰富服务项目，满足用户需求，打造诚信品质，创造良好的社会环境和社会价值，为团队的长久发展提供保障。

7.2　运行战略

7.2.1　社区活动

通过志愿活动的开展加大团队的社会影响力度，从目标群体身边出发能够更快更准确地纳入更多会员，从而增加了总体收入，也在一定程度上降低了平均成本。

7.2.2　技术提升

"蓝灯行动"项目是以艺术疗养为基础而建立的公益事业特殊教育平台，其主要费用支出为日常消耗品的购买以及更新维护，通过技术的提升从而达到降低总成本的效果，同时先进的技术也为志愿团优质的服务奠定了基础。

7.2.3　服务运行

科学的治疗方法是团队长存的根本，作为自闭症儿童服务业的平台，志愿团会将"孩子的成长"放在第一位，并将儿童的健康快乐作为企业不变的服务目标，同家长一起为孩子们创建美好的学习和生活环境，通过家长的满意和信赖稳定市场份额，巩固市场基础。

7.3　团队发展战略

7.3.1　初期（1-3 年）

立足于武汉，作为新兴教育产业服务于武汉自闭症儿童。团队通过对自闭症儿童疗愈模式的运作，提供给目标客户群便利可靠的学习体验和优越的虚拟交流体验，并结合社区活动和儿童服务的推广，快速提高团队的知名度，让客户群接受和认可团队所提供的特殊教育模式，达到快速渗透市场的目的。

7.3.2　中期（4~6 年）

扩大市场，开始筹划进入其他城市社区进行运作，将在武汉市运作成功的商业模式复制到其他的社区，提升中国公益事业市场占有率和壮大品牌。

（1）提升品牌形象，增加无形资产。

（2）增加服务设备，扩大规模。

（3）拓展新市场，定位全国各主要城市，东部地区基本覆盖到中小城市。

（4）更新技术，增添时代元素。

（5）建立会员发展战略，第 4~6 年会员数量分别保持在 4000 人、6000 人、10000 人。

（6）进一步完善和健全艺术疗养；在湖北省各大城市开展"家长学校"活动。

（7）团队在全国的覆盖率达到 30% 以上，大城市发展到 5 个办事处。

7.3.3　长期（7~10 年）

树立品牌，成为国内最具影响力的自闭症儿童服务组织之一。

7.4　品牌战略

7.4.1　品牌愿景

"蓝灯行动"希望能为自闭症儿童提供一个可以交友、可以学习、可以娱乐的公益性健康成长平台，让孩子能够在科学健康的环境条件下发展成长。为家长之间搭建沟通互助的桥梁，让父母们在联合培养下实现共赢，使"蓝灯行动"成为中国最具影响力的自闭症服务品牌。

7.4.2　品牌核心价值

"蓝灯行动"品牌的核心价值是专注关爱和帮扶自闭症儿童。团队将通过完善服务体系和提高服务质量来获得品牌知名度，始终客户利益放在首位，坚持不断地进行技术跟进，提高服务质量，提升市场价值和品牌价值。

"蓝灯行动"是针对自闭症儿童成长而创办的公益性教育品牌，志愿团将工作由大到小，细分到点，确保自闭症儿童互动交流的安全顺畅。定期对会员进行意见反馈收集，保证服务质量，让每位顾客都能在"蓝灯行动"中收获快乐、方便和满意。

"蓝灯行动"将深入对自闭症儿童成长教育的科学研究之中，并将最新最有益的科学成果融入孩子治疗中，让健康的孩子和自闭症儿童一起健康成长！

第8章 风险管理

风险是志愿服务过程中所不可避免的问题，蓝灯志愿团对可能遇到风险进行了分析，并制订了相应的应对方案。

8.1 健康风险

健康风险是指由于卫生或者其他方面的原因，使志愿者感染流行性疾病或常见疾病方面的风险。青年志愿者在志愿服务过程中，有的时候是涉及人数较多的大型赛事活动，有的时候是去到自然灾害的发生地等各种情况，很容易感染流行性疾病或者是一些其他疾病，这也是考察青年志愿者风险时不可避免的一块内容。在调查健康风险这一风险类别时，主要是从感染流行疾病和患上常见病这两个方面进行了调查，结果如下：

在被调查的 120 名青年志愿者中，有 15 人感染过流行性疾病，占到样本总数的 12.5%，5 人患常见病，占到样本总数的 4.2%。这组数据不难看出在青年志愿者参加的志愿服务活动中，健康风险发生的概率是比较低的，除非有些特殊情况，否则不会出现健康方面的风险。

8.2 财产风险

财产风险是指由于自然灾害、事故灾难、公共卫生或社会公共安全因素造成的志愿者个人、志愿者组织、服务对象以及第三人的财产损毁及灭失的风险。青年志愿者在志愿服务过程中也会涉及很多财产方面的风险，从有无发生过个人财产方面的损失、是否给服务对象造成财产损害以及是否给志愿者组织造成财产损害三个方面进行调查，结果如下：

在被调查的 120 名青年志愿者中，有 19 名表示曾遭受过财产损失，占被调查总数的 15.8%；这部分志愿者主要是在参加志愿活动时自己承担餐费、交通费及通信费，也有部分志愿者在参加志愿活动时发生钱包丢失等情况从而造成财产方面的损失。这组数据说明青年志愿者在参加志愿活动过程中，不少志愿者在参加志愿服务的同时还要自己承担相应的费用，青年志愿者在付出辛劳和汗水的同时，也承担着一定的经济上的付出，这可以说是一个比较隐形的财产损失。在调查的青年志愿者中有 5% 的人在志愿服务过程中给志愿者组织方造成过财产损失，主要是损坏或遗失组织方的活动工具等，虽然没有给志愿者本人造成财产方面的损失，但是给相关的志愿者组织造成了一定的财产损失。此外还有 9.2% 的青年志愿者在参加志愿活动时给服务对象造成过一些财产损失，这部分财产损失主要是志愿者在参加志愿活动时，不小心损坏了服务对象的用品或使用服务对象的工具造成的。虽说青年志愿者是自愿付出自己的劳动或者资源来帮助社会发展，他们也并不是想要得到报酬，但重视青年志愿者财产方面的风险不仅是对志愿者自身的一种尊重和鼓励，更是志愿者事业长久发展的必然要求。

8.3　精神伤害风险

精神伤害风险是指在志愿活动中志愿者的名誉权、隐私权、肖像权等人格权受到伤害或者是某些给志愿者造成精神伤害的行为所带来的风险。青年志愿者在志愿活动中不可避免地会遭到一些人的误解，也很有可能是因为其他一些原因使自己的隐私权或者肖像权被泄露或利用，这给青年志愿者带来很大程度上的精神伤害或困扰。

在调查过程中发现，在被调查的 120 名青年志愿者中有 54 人参加志愿活动会面临泄露他们的隐私或者使他们的人格尊严受到伤害的风险，这占到总数的 45%，而有 30 人曾经在志愿活动中感觉的不被尊重，受到了精神伤害，这也占到了总数的 25%。从这些数据不难看出，青年志愿者的精神方面的伤害已经不容忽视，青年志愿者们精神和心理方面的伤害不仅仅对青年志愿者们在本次志愿活动中有一定的影响，而且这种影响有一定的延续性，很有可能会影响青年志愿者们参加志愿活动的积极性，只有尊重志愿者的工作，才会使志愿者充满动力，才能真正促进志愿活动在全社会的推广。

第9章 公益创业

9.1 公益创业的含义及特点

9.1.1 公益创业的含义

9.1.1.1 公益创业的定义

公益创业，也译为"社会创新""社会创业"或"公益创新"。公益创业作为解决社会问题的新方法，已表现出巨大潜力。目前，国内外对公益创业的定义很多，学者主要从公益创业双重性、公益创业活动性质、公益创业运作方式等角度来定义公益创业。

（1）基于公益创业双重性的定义：公益创业是旨在追求社会价值和商业价值并重的创业活动，它不仅涵盖了非营利性机构的创业活动，还包含了营利性机构践行社会责任的活动。

（2）基于公益创业活动性质的定义：公益创业是突破当前资源稀缺约束、追求新的机会、创造社会价值的活动。公益创业产生社会价值，促进社会公共利益。

（3）基于公益创业运作方式的定义：公益创业组织的运作既可以是企业形式，也可以是非营利组织形式。

9.1.1.2 公益创业的内涵

总体来说，公益创业内涵主要有以下 3 个方面：

（1）公益创业是弥补市场职能和政府职能的手段之一，以社会责任为导向，解决社会问题。

（2）公益创业受社会价值驱动。公益创业是通过创新手段创造社会价值。社会价值是公益创业追求的目标，兼顾社会效益和经济效益。

（3）公益创业往往借助而并非抵制市场力量。公益创业倡导通过借助市场力量，实现自我造血，而并非仅仅局限于依靠输血。

9.1.2 公益创业的特点

从公益创业的内涵可知，公益创业是对传统商业创业的扬弃，主要有以下特征。

9.1.2.1 社会性

公益创业的首要特点是社会性，它具有明确的社会目的和使命。公益创业的主要目标是解决社会问题，实现社会目标。公益创业是为大众公共利益服务的创业，其特征之一就是不单纯以营利为目的，即不以追求利润的最大化作为根本目标。公益创业的要求是，在创业过程中不能损害社会利益。公益创业并非不涉及经济商业利益，相反，公益创业还必须遵循市场原则，但是社会性与商业性二者并不矛盾。这正如亚当·斯密在《国富论》中所述：在"看不见的手"的自由市场机制的作用下，在追逐个人财富的过程中，社会财富也在源源不断地被创造出来。

9.1.2.2　创新性

公益创业同传统的商业创业一样，其本质是创新。公益创业的"创新性"意味着新思想的产生和新模式的创建。公益创业的创新性体现在三个方面：新产品和新服务；现存产品和服务的更多社会效应及新用途；构造社会问题的新标准、新定义和提出新的解决方案。进行公益创业时，要把握机会，应用更好的产品、工序、观念和组织等，要表现出创新性。

9.1.2.3　价值性

公益创业具有价值性。公益创业是为了抓住创新机遇，创造价值。通过公益创业，新产品、服务、交易、方法、资源、技术和市场被创造出来，从而贡献社会价值。公益创业追求社会价值创造高于经济利益追求，公益创业过程涉及个人、组织、社会、国家乃至人类的价值利益。公益创业应该遵循价值性，努力达到互补和兼顾。

9.1.2.4　过程性

公益创业是创造社会价值的过程。它包括从创业伊始，到组织或活动的经营管理等各类决策和行动。公益创业解决社会问题，社会环境变化差异将影响公益创业。公益创业是一个不断变化的过程。

9.2　公益创业的历史

中国公益创业主要是在政府、传统商业企业、非营利组织及社会公众的推动下发展而来，主要表现在以下 3 个方面：

（1）政府支持。经济体制改革及政府职能转变使得在社会福利领域出现民营化和市场化行为，社会组织活动带来社会环境的改变，使政府更加重视社会组织在社会服务领域的作用。政府逐渐开始采取行动为公益创业谋求体制和政策上的空间（如采购、税收减免），促进公益创业。

（2）传统商业企业社会责任运动。在社会责任运动的影响下，越来越多的传统商业企业逐步意识到社会责任的履行能为其带来公众认同并产生巨大经济效益，于是它们开始自觉地投入公益事业、履行社会责任，为公益创业的主要组织——社会企业的产生创造了支持条件。

（3）非营利组织创新。公益创业的创新模式为非营利组织通过商业手段开展经营活动以提高组织效能、解决资金困境提供了借鉴。非营利组织进行组织变革，逐步向公益创业组织转型。

9.3 公益创业的形式

公益创业必须以满足社会需要为己任、服务于社会利益。按照公益创业组织实践的主体或者服务领域，可将公益创业分为创办兼顾社会利益的营利组织（社会企业）、创办兼顾社会利益的非营利组织、志愿公益活动和生态网络混合型四类（表9-1）。

表 9-1　公益创业的形式

类型	特点	实例
兼顾社会利益的营利组织（社会企业）	又称社会企业，公益创业的典型运作模式，旨在以商业化运作模式提供社会公共服务或解决某些社会问题，取得盈利用于组织的循环投资，扩大公共服务的受益面	深圳残友集团、四川省旭平兔业有限公司
兼顾社会利益的非营利组织	即非营利组织，不以营利为目的，旨在为社会公众提供服务，具有组织性、民间性、非营利性、自治性、志愿性及公共性6个基本特征	瀛公益基金会、友成企业家扶贫基金会
志愿公益活动	主要有两类：①营利企业开展社会福利性质的商务活动，或基于提高企业形象承担社会责任而开展的社会活动；②在高校中各种协会、社团开展的志愿服务活动	青年恒好公益创业行动、KAB创业项目
生态网络混合型	政府、企业和高校以及科研院所等非营利组织合作，构建生态网络混合型公益创业生态系统	英国北安普顿大学教学、研究和实践有机融合公益创业生态体系

9.3.1 社会企业

社会企业是一种为实现自身社会价值目标而在市场中进行商业活动的特定组织，社会企业是以促进社会进步或对公共财政有所贡献为目标的一个连续体组织，社会企业是介于纯慈善（非营利组织）与纯营利（商业企业）间的连续体，如图9-1所示。

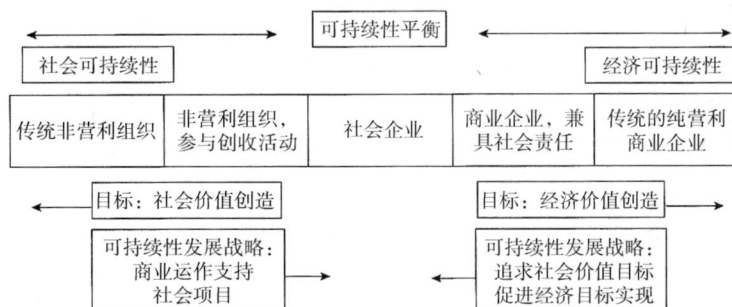

图 9-1　社会企业

9.3.2　非营利组织

非营利组织是指由各种社会力量或个人自愿组成的、以社会公益为目的的、依法成立的、不以营利为目的的社会组织。

9.3.3　志愿公益服务

志愿公益服务是指志愿者在不为任何物质报酬的情况下，自愿贡献个人的时间、精力、金钱等，从事社会公益和社会服务事业，为改进社会并推动社会进步而开展的服务活动。

9.3.4　生态网络混合型

生态网络混合型，主要由社会企业、高校和科研院机构等非营利组织，在公益创业过程中相互合作、配合，既有物质资本投入产出，也有智力资本、人、机构的优势进行优势互补，从而形成一种社会公益性协同公益创业生态系统。

9.4　公益创业的过程

9.4.1　创业过程分析模型

从创业过程的流程与阶段入手，结合生命周期理论来探讨创业过程相关活动的逻辑顺序，研究者提出创业过程分析模型，具有代表性的模型是 Holt 模型、Olive 模型以及 Christian 模型。

9.4.1.1　Holt 模型

Holt 模型从企业组织生命周期出发，认为创业过程经历了以下 4 个阶段：

（1）创业前阶段。创业者应做好创业计划及前期工作，包括筹集资金与创建企业组织。

（2）创业阶段。创业者需要确认企业组织定位，并为确保新组织存活而进行适当调整。

（3）早期成长阶段。创业者需要应对市场、资金与资源使用方面的变化。

（4）晚期成长阶段。创业者应构建专业管理体系，以提高新企业组织的活动效果与效率。

9.4.1.2　Olive 模型

Olive 模型从创业者个人事业发展角度，将创业过程分为以下 8 个阶段：

（1）决定成为创业者。

（2）精选创业机会。

（3）进行初步分析。

（4）组建创业团队。

（5）制订创业计划。

（6）拟订行动计划。

（7）早期的运营和成长。

（8）取得个人与公司的成功。

Olive 模型显示了创业者从最初的一项创意到创建新企业组织、再到新创企业组织成长为成熟企业组织的过程，归纳创业过程的一般规律。

9.4.1.3 Christian 模型

Christian 模型提出了基于创业者和新创组织互动的创业过程理论模型（图 9-2），认为创业者与新创组织是创业过程的关键构成要素，创业过程实质上是在外部环境作用下的创业者与新创组织的紧密互动过程，将新创组织创立、随着时间变化的创业流程管理，以及影响创业活动的外部环境网络之间的衔接协调与平衡等视为创业者在创业过程中的主要活动内容，是创业过程的核心问题。该模型揭示了创业的过程性与创业过程中要素的作用。正是创业的各要素在各阶段过程中的互动作用推进了创业的进展。

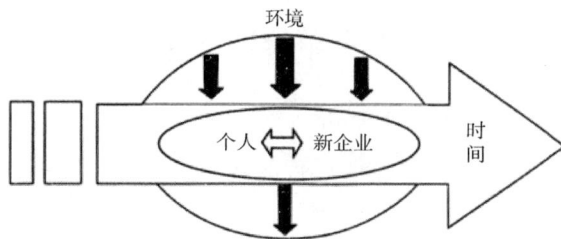

图 9-2　Christian 模型的创业过程理论模型

9.4.2　公益创业过程

关于公益创业过程，在研究基础上，本部分将公益创业过程主要限制在创办管理社会企业的过程上。广义的公益创业过程通常包括一项有价值的机会从最初的构思到形成新创社会企业，以及新创社会企业的成长管理过程。狭义的创业过程往往是指新社会企业的创建。

创业过程常指广义上的含义，然而新组织的创建确实是创业一般过程中最为核心的一个部分。完整的创业过程通常按时间顺序划分为三个阶段：识别与评估公益创业机会，获取资源、创办新社会企业和管理新创社会企业，见表 9-2。

表 9-2　公益创业过程的三个阶段

第一阶段	第二阶段	第三阶段
认别与评估公益创业机会	获取资源、创办公益创业组织	管理新创公益创业组织
创新性 机会的估计与实际价值 机会的风险与回报 机会、个人技能与目标 竞争状态和战略环境分析等	组建创业团队 撰写创业计划 营销计划、财务计划、运营计划等 获取创业资源 现有资源、缺口资源等	新创组织文化建设 创业管理（包括组织与人力资源、技术、营销、财务管理等管理职能） 新创组织战略管理 新创组织危机管理

在每一阶段中，新创组织的发展都要经历不同的环境。根据每一阶段的不同情况，公益创业者需要选择应对的战略，实施可行的对策，推动新创组织向前发展。创业过程中，三个阶段的各主要活动的逻辑关系如图9-3所示。

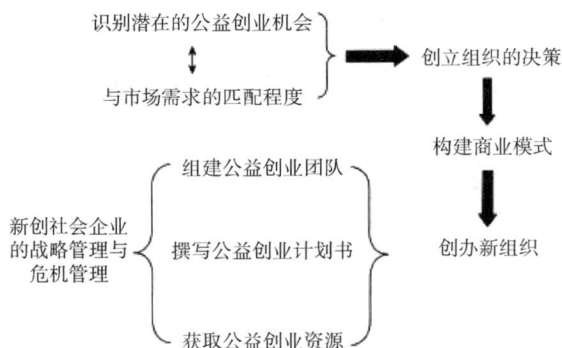

图9-3 公益创业的一般过程

9.4.2.1 识别与评估公益创业机会

识别与评估公益创业机会是公益创业过程的起点，也是公益创业过程中一个具有关键意义的阶段。许多很好的公益创业机会并不是突然出现的，而是对于"一个有准备的头脑"的一种"回报"，或是在一个识别公益创业机会的机制建立起来之后才会出现。

（1）识别与评价公益创业机会。公益创业者是由公益创业机会驱动来进行公益创业的，而公益创业机会来自现存的环境中存在的某种不足，以更好的方式提供更好的产品或服务来弥补这种不足并获取收益的可能性。公益创业者通过发现和开发公益创业机会，与现有的组织，甚至是已确定地位且实力雄厚的组织展开有效的竞争或者合作。

通过某些来源往往可以获取意外的并识别公益创业的机会，这些来源包括顾客、营销人员、专业协会成员或技术人员等。无论公益创业机会的设想来源于何处，都需要经过认真细致的评估，对于公益创业机会的评估，或许是整个公益创业过程的关键步骤。

公益创业者的动力往往是发现了一个新需求，或者认为新产品能够开启新的需求。但是，并不是每个机会都需要付出行动去满足，而是评估这个机会所能带来的回报和风险，评估这个机会所创造的服务产品生命周期，它能否长期支持，或者能否在适当的时候及时退出。因而，甄别具有价值的公益创业机会相当重要，需要独特的技能——识别与评估公益创业机会，这也是公益创业者必备的素质。

（2）构建公益创业运作模式。当公益创业者瞄准某一公益创业机会之后，需要进一步构建与之相适应的公益创业运作模式。公益创业机会不能脱离必要的运作模式的支撑而独立存在。成功的公益创业运作模式是一座桥梁，富有潜在价值的公益创业机会将通过这一桥梁过渡为公益创业组织。缺乏良好的公益创业运作模式，机会就不能实现其价值。那么，什么是公益创业运作模式？如何选择适宜的公益创业运作模式？良好的公益创业运作模式需要回答的核心问题是，公益创业组织如何长期可持续发展并壮大。不清晰或是方向错误的公益创业运作模式对公益创业者来说是失败的征兆，公益创业者应当尽快调整战略，明确方向，重新部署公益创业运作模式。

9.4.2.2 获取资源、创办公益创业组织

公益创业者选择了机会，找到了与之匹配的公益创业运作模式后，就要考虑如何使公益创业机会成为现实中的公益创业机会。公益创业者进入这个阶段，才是公益创业的开始。

（1）组建公益创业团队。一个公益创业团队在公益创业成功中可以发挥很大的作用。一个新公益创业组织的增长潜力，以及吸引资本和投资的能力，与公益创业团队的素质之间呈正相关。没有团队的新公益创业组织往往会失败。

良好的公益创业团队是创建公益创业组织的基本前提。公益创业活动的复杂性，决定了所有的事务不可能由公益创业者个人包揽，而要通过组建分工明确的公益创业团队来完成，这需要一个过程。公益创业团队的优劣，基本上决定了公益创业是否成功。这就不可避免地涉及两个层面的问题：一是公益创业团队成员在公益创业组织中是否有适当的角色定位，是否有基本公益创业素质和专业技能；二是公益创业团队是否能团结合作，优势互补。第二个问题取决于公益创业团队成员之间是否有统一的核心价值观，是否做到了责任和利益的合理分配。

（2）撰写公益创业计划书。一个好的公益创业计划书对于公益创业者来说是非常重要的。公益创业计划书不仅是对公益创业机会进行进一步分析的必要步骤，同时还是真正开始公益创业的基础，是说服自己、更是说服参与者的重要文件。不仅如此，公益创业计划书也将使公益创业者深入地分析目标市场的各种影响因素，并能够得到基本客观的认识和评价；使公益创业者在创业之前，能够对整个公益创业过程进行有效的把握，对公益创业机会的变化有所预警，从而降低公益创业所面临的各种风险，提高公益创业成功的可能性。因此，公益创业计划书对于确定公益创业资源状况、获得所需公益创业资源和管理新创社会企业必不可少。

公益创业计划书反映了公益创业组织的需求和要求，没有一个统一的格式和体例来规定其形式及内容。公益创业者和公益创业团队都有自己的偏好。一个比较全面的新创社会企业的计划书主要包括外部环境、公益创业组织介绍、公益创业资源需求、公益创业营销计划、公益创业组织计划和财务计划等。

（3）获取公益创业资源。这一步骤从确定公益创业者现有资源开始。事实上，对于公益创业资源状况还需进行分析，特别要把十分关键的资源与其他不太重要的资源加以区分，对于关键资源要严格地控制使用，使其发挥最大价值；在适当的时机获得适当的所需资源。另外，公益创业者不应低估其所需公益创业资源的数量及多样性，应对所缺乏公益创业资源或资源的不适合性对于公益创业风险所带来的影响做出清醒的估计。总之，公益创业者应有效地以最低的成本和最少的控制来获取所需的资源。

资金是一种重要的公益创业资源，它往往决定了公益创业的最终成败。公益创业融资不同于一般的项目融资，新创公益创业组织的价值评估也不同于一般企业，因此需要一些独特的公益创业融资方式。在不同阶段，公益创业者可以选择不同的融资方式；针对不同的融资方式，融资策略有所不同，风险也不同。

9.4.2.3 管理新创公益创业组织

在获取所需公益创业资源之后，公益创业者就可按照公益创业计划建立新创公益创业组织。此时，就需考虑新创公益创业组织的运营问题。这里既包括新创公益创业组织管理的方式问题，也包括确定新创公益创业组织成功的关键因素并加以把握的问题，同时，公益创业者还应建立起一个控制系统，以对新创公益创业组织运作的各个环节进行有效的监控。

（1）新创公益创业组织的战略管理。新创公益创业组织战略作为公益创业行动的纲领，是公益创业组织发展的方向性定位。因此，战略是新创公益创业组织管理中的首要问题。新创公益创业组织的战略在制定过程、表达形式、传递方式等方面与成熟组织有很大差异。新创公益创业组织应该形成自己独特的竞争优势，发展核心竞争力。

（2）新创公益创业组织的危机管理。新创公益创业组织在每个阶段都会遇到存亡危机，这些危机以不同程度的威胁伴随着组织成长的全过程。因此，新创公益创业组织的管理者要常备危机意识。管理者需要时刻关注组织发展中出现的技术危机、市场危机、财务危机、人力资源危机等。危机不是一成不变的，采用适当的措施，可以将危机转化为组织发展的机遇。因此，公益创业者要积极把握新创公益创业组织发展中遇到的每一个危机，为组织的后续发展奠定基础。

9.5 非营利组织创业管理

9.5.1 非营利组织概述

9.5.1.1 非营利组织的概念及特征

（1）非营利组织的概念。关于非营利组织，国内外的相关概念有非营利组织（non-profit organizations）、非政府组织（non-governizations）、第三部门（third sector）、独立部门（independent sector）、慈善组织（philanthropic organization）、志愿组织（voluntary organization）、公民社会（civil so-ciety）等。之所以有这么多相关概念，一方面表明非营利组织具有多元性，另一方面也体现出人们在非营利组织理解和研究视角上的差异性。萨拉蒙认为，"非营利领域"大量被使用的称呼无法帮助人们理解其内涵，"每一种称呼仅反映了该领域某一方面的性质，但却抹杀了其他方面的性质。"如公民社会组织主要强调这类组织与公民社会的内在联系。

那么到底什么是非营利组织？关于非营利组织的定义主要有如下几种。

①直接给出法律上的定义。世界上很多国家都在法律上对非营利组织有特殊规定。如美国《国内税法法典》第501条称"非营利组织本质上是一种组织，限制将其净余额分配给任何监督与经营该组织的人，诸如组织的成员、董事与经理等"。并且规定非营利组织必须满足三个条件：一是组织的运作目标完全是为了从事慈善性、教育性和科学性的事业，或是为了达到税法明文规定的其他目的；二是组织的净收入不能用于私人受惠；三是组织所从事的主要活动不影响立法，也不干预公开选举。

②依据组织的资金来源加以定义。如联合国国民经济核算体系定义非营利组织为：其

大部分收入不是来自销售或提供服务带来的利润，而是依靠其会员的会费、政府资助或社会支持者的捐赠。该定义方式的缺陷在于，要确定一个组织是否为非营利组织，其会费和捐赠收入在总收入中的合理比例难以确定。

③根据组织的目的或功能给出定义。如果以促进"公共利益"或"团体利益"为目的，则属于非营利组织。但是由于"公共利益"的定义多样化，这种定义方式将无法为跨国研究提供统一的分析框架。

④结构—运作定义。这一定义是美国约翰·霍布金斯大学提出的，其特点是强调组织的基本结构和运作方式。它认为非营利组织具有组织性、非营利性、独立性、自治性、志愿性和公共利益性六个特征。这一定义方式包容性强，得到国内外学者的普遍推崇。

上述定义方式各有侧重。参考国内外学者对非营利组织的定义，本书将非营利组织定义为：各种社会力量或个人自愿组成的，以社会公益为目的，不以营利为目的，依法成立且能够独立运行的社会组织。

（2）非营利组织的特征。从组织的基本结构和运作方式考察，非营利组织具有以下特征：

①组织性。非营利组织必须是具有一定制度化的正式组织，有常规的组织机构和管理体制，并开展经常性的活动。纯粹的非正式的、临时积聚在一起的人不能被认为是非营利领域的一部分。非营利组织必须具有根据国家法律注册的合法身份，这样才能使非营利组织对外以法人身份订立合同，并使组织的管理者能对组织的承诺负责。

②民间性。非营利组织不是政府的组成部分，必须与政府组织分离，不承担政府职能，其决策层也不是由政府官员主导的董事会。但这不意味着非营利组织不能接受政府的资金支持、不让政府官员参与活动，而是强调其独立的决策权，不为政府所控制。

③非利润分配性。非营利组织成立的目的不是为其拥有者谋求利润，某些组织也许会在某段时期积累一定的利润，但其所得必须继续用于组织的使命，不能在其所有者或管理者中进行分配，这是非营利组织与追求利润最大化的营利组织的最大区别。

④自治性。非营利组织实行自我管理，自己控制自己的活动，有不受外部控制的内部治理程序，既不受制于政府，也不受制于其他营利性或非营利性组织。

⑤志愿性。非营利组织的活动以志愿为基础，无论是在实际开展活动中，还是在管理组织事务中，均有显著程度的志愿参与，特别是形成由志愿者组成的董事会和广泛使用志愿工作人员。当然这并不意味着其成员都是或大部分是志愿人员，或者其收入全部或大部分来自志愿者的捐款，而是指只要这种参与是志愿的即可。

⑥公共利益性。非营利组织以公共利益为目标取向，以共同价值观为思想基础，通过有组织的活动参与公共事务管理，提供公共产品和服务。

9.5.1.2　非营利组织的类型

非营利组织涵盖了政府组织和营利性组织之间的广大领域，并且不同国家对非营利组织的理解和认识存在较大差异，目前世界上还未形成一个统一的标准。因此，可以从许多不同的角度对非营利组织进行分类。

（1）联合国国际标准产业分类体系（ISIC 体系）。联合国国际标准产业分类体系（international standard industrial classification of all economic activities，简称 ISIC 体系）将非营

利组织划分为3大类，15小类，其具体内容分别为：①教育：小学教育、中学教育、成人教育及其他；②健康与社会工作：医疗保健、兽医、社会工作；③其他社区社会与个人服务活动：环境卫生、商会与专业组织、工会、其他会员组织、娱乐机构、新闻机构、图书馆、博物馆及文化机构、运动与休闲。

（2）免税团体分类体系（NTEE体系）。免税团体分类体系（national taxonomy exempt entities，简称NTEE体系）由美国慈善统计中心设计，包括25大类非营利组织，主要为：教育、保健、精神保健、特殊病症保健、医学研究、犯罪与法律、就业、食品与营养、住房与收容、公共安全与灾难防御、休闲与运动、青少年辅导、社会服务、文化艺术、环境保护、与动物有关的组织、国际问题、民权与推促、社区改造、慈善事业、科学研究、社会科学研究、其他公益活动、宗教相关活动、互惠组织。

NTEE体系涵盖面非常宽，但此体系是根据美国情况设计的，无法适用于其他国家。

（3）非营利组织国际分类体系（ICNPO体系）。非营利组织国际分类体系（the international classification of nonprofit organization，简称ICNPO体系）由约翰·霍普金斯大学非营利组织比较研究中心提出，根据经济活动的领域，将非营利组织分为12个大类，24个小类，具体内容为：

①文化与休闲：文化与艺术、休闲、服务性俱乐部；

②教育与研究：中小学教育、高等教育、其他教育、研究；

③卫生：医院与康复、诊所、精神卫生与危机防范、其他保健服务；

④社会服务：社会服务、紧急情况救助、社会救济；

⑤环境：环境保护、动物保护；

⑥发展与住房：经济、社会、社区发展、住房、就业与职业培训；

⑦法律、推促与政治：民权与推促组织、治安与法律服务、政治组织；

⑧慈善中介与志愿行为鼓动；

⑨国际性活动；

⑩宗教活动和组织；

⑪商会、专业协会、工会；

⑫其他。ICNPO体系是国际上比较流行的非营利组织分类体系。

（4）其他分类。其他一些分类方法比较简单，如根据非营利组织的规模，将其分为大、中、小三类；根据其活动领域，分为政治型、经济型和社会工作型组织：按照法人形式，分为社团法人和财团法人；按照组织性质，分为公益组织、共益组织或互益组织：按照资产来源方式，分为官办组织、合作组织、民办组织；按照活动领域，分为环保组织、人权组织、扶贫组织、妇女组织等。

9.5.1.3 非营利组织的兴起及作用

（1）非营利组织的兴起。非营利组织仅在一个世纪内就转变为全球蓬勃发展且前景看好的新兴事业，主要有如下原因。

①保障公民结社权利的需要。结社自由是公民的宪法权利，也是民主社会的重要标志，有效的法律保护可以促使社会更加多元化、更具活力，可以促进社会和经济发展中的合作伙伴关系。此外，各国政府为了履行所承担的国际人权公约中的义务，也需要通过法律形

式规范和保障非营利组织的地位、权利和行为。所以，尽管结社自由未能从功能和运行角度为非营利组织参与公共治理并成为公共服务提供主体之一提供充分的说服力，其仍被视为非营利组织产生的基础性权利，也是非营利组织以结社形式得以存在的最直接根据。

②弥补政府职能的需要。公共物品具有非排他性和非竞争性，因而公共物品应由政府供给，但人们对公共物品质和量的需求是不同的，政府无法做到一一满足。因此，政府倾向于提供的公共物品满足人们的平均需要水平即可，但这会造成部分人不能通过政府提供的公共物品满足需求。非营利组织能够提供对政府公共物品起补充作用的公共物品，来满足这些人的需求，这从合法性视角诠释了非营利组织存在的原因。

③社会多元化的需要。社会多元化在客观上可理解为，一个社会必然存在不同阶级和阶层、不同职业群体、不同民族、不同信仰；在主观上可理解为，人们经常具有不同的意志和兴趣、不同的层次和需求，表现为社会成员不同的声音、行为和关注热点。社会成员主观和客观的多元需求需要相应的表达渠道，若缺少这样的渠道，将会使合理的要求和情绪转变为消极的社会力量。非营利组织的存在则正好丰富了这种表达渠道。

④提高社会效益和完善市场经济体制的需要。在完善的法律规范下，非营利组织可以成为政府的助手和伙伴。例如，在向社会提供服务、公共物品方面，非营利组织可以更加直接、有效、低成本，因为非营利组织在个人资源基础上，投入时间和精力去解决公共问题。

此外，非营利组织可以对市场经济给予间接支持，如由非营利组织开办的学校、医院、托儿所等机构，会成为人们信任的服务提供者，这极大利于建设体制稳定、公众信任、尊重法规的社会，有效补充市场机制的不足。

（2）非营利组织的作用。克莱姆（Kramer）认为，非营利组织发挥的社会功能或扮演的社会角色主要有5种：先驱者、价值维护者、社会教育者、改革与倡导者、服务提供者，如图9-4所示。

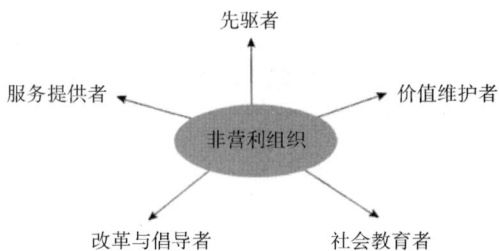

图 9-4 非营利组织扮演的社会角色

①先驱者。非营利组织具有弹性、功能自发性和民主代表性等特质，能够敏感捕捉社会大众的需求，凭借组织多样性、人才多样化与运作灵活性，把捕捉到的需求发展成具有创新性的构想，并付诸规划与行动，引领社会革新。

②价值维护者。非营利组织通过有效运作，倡导并积极参与改革行动以改善社会，主动关怀少数弱势群体，激励民众对社会的关心和参与，提供社会大众化人格教育与再社会化的机会，有助于民主社会理念及各种正面价值观的维护。

③社会教育者。非营利组织通过举办活动，专业的训练课程、研讨会，出版刊物及提供咨询等方式，担负起传递各种信息的责任，借以提供新的观念，促使大众了解社会问题，改革社会大众或决策者对社会的刻板印象或漠视态度，补充正规学校教育体系的不足，并间接影响政府政策的制定。

④改革与倡导者。非营利组织往往从社会各层面的实际参与中，实际了解政府政策的偏斜，洞察社会的脉动和需求，并运用服务经验展开游说，促成社会态度的变迁，并促进政策对法规的制定或修正。

⑤服务提供者。非营利组织经常选择提供那些政府没有做、不想做或不愿意直接做的，但却十分符合社会大众需要的非私人化服务。它可以实现多种类、多样化的服务供给，发挥了对现有公共服务的弥补功能。

非营利组织作为一项在市场体制和国家体制之外的重大组织创新和制度创新的产物，以其独特的性质和特有的优势，在现代社会中彰显了重要的发展意义。在满足社会需求层面，非营利组织可以作为政府和市场的替代，提供部分公共产品和私人产品，引入竞争机制，使政府、私人部门和非营利部门相互竞争，增加了优质和价廉服务的供给；在社会制度层面，非营利组织是一种制度创新，是现代社会、经济、政治发展的需要；在政治社会学层面，非营利组织是公民社会的主体，在公民社会和社会资本中具有基础性地位，而公民社会是现代社会结构的三大支柱之一。非营利组织可以高效整合公众观点，及时表述不同团体的利益需求，成为政府与公众沟通着重借助的力量。

9.5.1.4 非营利组织的功能

（1）经济功能。非营利组织的迅速发展，不仅维护了社会稳定，而且促进了经济发展，特别是非营利组织发动民间力量，动员社会闲置或未能利用的资源，降低交易成本，增加资源的透明度和合理性，开拓就业机会，弥补了政府用于社会发展方面的资金不足。同时，非营利组织可以比政府更有效、低成本地提供部分公共产品，如医疗保健、文化教育、社会保障等，非营利组织以"利润非分配性"的优势，在信息不对称时可以提供比追逐利润的企业更好的产品，以满足消费者的需求。

（2）社会功能。非营利组织的服务对象主要是社会中的弱势群体，优先关注的是被市场与国家所忽视的贫穷民众。非营利组织通过生产各种公共物品来增进社会福利，帮助社会的边缘和弱势群体。另外，大多数非营利组织与公民接触密切，他们经常深入基层，及时了解弱势群体的需求，可以作为有效的利益表达渠道和协调机制，促进民主政治的建设，提升公民的政治参与能力和水平，促进政府决策的科学化、民主化。可以说，非营利组织的发展，可以维护弱势群体的利益，促进社会公平，保证社会稳定，维护良好的社会价值观，并营造良好的社会道德氛围。

（3）政治功能。一方面，非营利组织能够很好地制约政府权力，促使政府增加责任感和透明度，保持廉洁和效率，是政府职能或工作的重要补充。另一方面，政府的大包大揽会致使公民对国家给予完全的政治与经济预期，但国家不可能是全能的，则预期与现实的差距就必然出现，从而会导致公民对政府合法性的怀疑。要克服政府合法性的危机，出路就在于让自发的、非政治化的社会有机体健康发展起来，非营利组织在此方面就扮演了政府的政治合作者角色。整体而言，非营利组织在政治生活中既制约政府权力，又支持政府的合法性，是政府的政治合作者。

9.5.2　非营利组织的创设

9.5.2.1　非营利组织的法律形式

（1）社会团体。

①社会团体的含义。社会团体是指由公民自愿组成，为实现会员共同意愿，按照其章程开展活动的非营利性社会组织。社会团体的定义包含这样几个方面的内容。

a. 社会团体由多数会员组成。社会团体是人的集合体，以人为基础，其成员的联合是其基本属性，仅仅一个人是无法组成社会团体的。我国要求社会团体必须有 50 个以上的个人会员，或者 30 个以上的单位会员，或者在既有个人会员又有单位会员时，会员总数有 50 个以上。

b. 社会团体的宗旨是实现会员的共同意愿。社会团体是由其成员为了共同的目的自愿结合组成，社会团体的章程由会员大会制定、修改，决定社会团体重大事务的最高权力机关是会员大会，由其决定社会团体的宗旨、业务范围、重大活动、管理机构的组成、解散等问题。

c. 社会团体的目的是非营利性。但这并不意味着社会团体不能进行任何收费或者可以赚取利润的活动，只是表示社会团体社会取得的财产不能分配给会员，而且针对不同性质的收益所得在税法上应有不同的待遇。

国内对社会团体的分类基本可以分为学术性分类和法定性分类两种。学术性分类，即从学术上而非从法律上对社会团体进行分类，如按社会团体的民间化程度，将我国社会团体分为官办、半官办和民办三大类。法定性分类，即根据 1989 年 12 月 30 日民政部《关于〈社会团体登记管理条例〉有关问题的通知》的规定，我国社会团体根据其性质和任务分为学术性社会团体、行业性社会团体、专业性社会团体和联合性社会团体四大类。但这样的分类，并无法律上的实质意义。

②社会团体与社会团体法人。社会团体法人是以人的集合为基础而成立的法人，公司、合作社、各种协会等社会团体都是典型的社会团体法人，社会团体并不等同于社会团体法人。社会团体的出现早于社会团体法人。社会团体法人的概念和制度的最终形成是自然人共同出资、联合经营不断发展、商业组织不断演化的结果。在公司形式的社团法人产生之前，从事商业活动主要是独资企业和合伙企业，随着具有独立法人地位、实行成员有限责任的社会团体法人有限责任公司的出现，社会团体法人的概念和制度也最终形成。

社会团体只是社会团体法人的一种表现形式。社会团体法人有营利性社会团体法人，如有限责任公司等，也有非营利性社会团体法人（公益性社会团体法人），社会团体只能是非营利性社会团体法人。当然，社会团体并非一定要取得法人资格。我国 1989 年《社会团体登记管理条例》第 12 条规定，社会团体可分为有法人资格的社会团体和无法人资格的社会团体，1998 年《社会团体登记管理条例》对此做了修改，规定社会团体必须取得法人资格。但就在该《条例》的第 3 条第 3 款第 3 项又规定"机关、团体、企事业单位内部经本单位批准成立、在本单位内部活动的团体，可以不按照《条例》的规定登记"，也就意味着这些团体是合法成立并且可以不用取得法人资格的。

（2）基金会。

①基金会的含义。基金会是指利用自然人、法人或者其他组织捐赠的财产，以从事公益事业为目的，按照本条例的规定成立的非营利性法人。基金会分为面向公众募捐的基金会（以下简称公募基金会）和不得面向公众募捐的基金会（以下简称非公募基金会）。公募基金会按照募捐的地域范围，分为全国性公募基金会和地方性公募基金会。

1988年发布的《基金会管理办法》将基金会界定为一种特殊的社会团体，2004年发布的《基金会管理条例》则回避了基金会的法人属性问题，只对它的"非营利性"做出界定。与社会团体法人相比，基金会更符合财团法人的特征，我国法律将基金会界定为社会团体法人是很独特的。

②基金会与财团法人。从我国《基金会管理条例》的规定看，基金会以公益为目的，组织结构、财产管理方法等都由章程加以规定，而章程则由举办者拟定，显然基金会的性质属于财团法人。

第一，制度的功能和目的相似。对于我国现行法的基金会制度的目的，有代表性的观点是，基金会制度可以吸引个人和社会组织资源捐赠资金，在资助和推动教育、科技等社会公益事业方面有不可替代的作用。与财团法人制度相比，两者讨论的出发点有一定的差异，但这并非实质性的。财团法人制度固然主要从实现捐助人意愿的角度出发，但是同时也是因为法律制定者认为财团法人对社会有益，才承认它，并且进而通过在税收等方面给予优惠来特别加以鼓励。当然，上述观念上的差异意味着对当事人意愿尊重程度的不同，从而会带来具体制度上的一些差异。

第二，与财团法人相同，基金会没有会员。基金会的设立人将财产权转移给基金会后并不成为基金会的会员，无权组成社员大会对基金会进行控制。基金会的设立人对基金会成立后的影响体现在捐助章程上，捐助章程是基金会经许可登记后营运及运作的依据。捐助章程，通常应记载如下事项：目的、名称；捐助财产之种类、总额及保管运用方法；业务项目；董事及设有监察人的，其姓名、住所、名额、资格、产生方式、任期及选（解）聘事项；董事会之组织、职权及决议方式，设有监察人的，其职权；期间（定有存续期间的）；利益冲突回避之规定；解散后剩余财产之归属等。

（3）社会服务机构。社会服务机构，指自然人、法人或者其他组织为了提供社会服务，主要利用非国有资产设立的非营利性法人。典型的社会服务机构包括民办学校、民办医院、民办养老机构，也包括环境、助残等其他领域的组织。社会服务机构的特征主要有：不以营利为目的；有明确的社会服务范围；有规范的名称、章程；有与开展服务相适应的合法财产；有与其业务活动相适应的组织机构、场所、工作人员；有独立承担民事责任的能力；法律、行政法规规定的其他条件。

9.5.2.2 非营利组织主管机关

我国非营利组织的管理机关分为业务主管部门和登记管理机关。

（1）业务主管单位。非营利组织的成立首先需要向业务主管单位提出筹备申请并经其审查同意。社会团体的业务主管单位，是国务院有关部门和县级以上地方各级人民政府有关部门，以及国务院或者县级以上地方各级人民政府授权的组织。业务主管单位负责社会团体的筹备申请、变更登记、注销登记前的审查，监督、指导社会团体依法成立并根据章程开展活动、负责年度检查的初审等行政管理事务。社会团体业务主管单位的确定，主要根据社团活动范围以及业务范围来确定。

①根据地域范围确定。全国性的社会团体由中央级的业务主管单位主管，地方性的社会团体则由地方的业务主管单位管理。

②根据业务范围来确定。例如，司法行政机关主管法学社会团体，建设部主管建设方面的社会团体。

③根据委托来确定。社会团体的业务主管部门主要是指各级政府的职能工作部门和党的工作部门，有的社会团体业务主管部门不便由政府工作部门或党的工作部门承担时，经民政部门与有关业务部门协商同意后，也可委托有能力进行资格审查和业务指导的其他单位承担这一职责。例如民政部、国家科委委托中国科学技术协会管理全国性自然科学、技术科学和科普性社会团体，民政部、国务院侨办委托全国侨联管理华侨类社会团体。受到委托而作为业务主管单位的组织范围非常广泛，有事业单位、社会团体以及企业。

社会服务机构的业务主管单位根据行业、业务范围及地域来确定。

对于基金会的业务主管单位，相关法律有明确规定。国务院有关部门或者国务院授权的组织作为基金会的主管单位的管理范围是：全国性公募基金会；拟由非内地居民担任法定代表人的基金会；原始基金超过2000万元，发起人向国务院民政部门提出设立申请的非公募基金会；境外基金会在中国内地设立的代表机构。此范围之外的基金会属省、自治区、直辖市人民政府有关部门或者省、自治区、直辖市人民政府授权的组织作为基金会的主管单位的管理范围。

由于业务主管单位的审查通过是成立非营利组织不可缺少的第一步，所以如果不能及时找到业务主管单位，将无法合法地成立非营利组织。因此，如果由于某种原因使得各个政府机关在管理非营利组织的权限上出现空隙，将导致非营利组织在申请成立时，由于没有对应业务主管部门而无法设立。

（2）登记管理机关。国务院民政部门和县级以上地方各级人民政府民政部门是本级人民政府的社会团体登记管理机关。登记管理机关负责社会团体的成立记录、年度检查以及对社会团体的违法行为进行行政处罚等事务。全国性的社会团体，由国务院的登记管理机关负责登记管理；地方性的社会团体，由所在地人民政府的登记管理机关负责登记管理；跨行政区域的社会团体，由所跨行政区域的共同上一级人民政府的登记管理机关负责登记管理。社会服务机构的登记管理机关的确定原则与此相似。

基金会的登记管理制度，最初与一般社会团体略有不同。对基金会的登记管理，最初是三重管理体制，即归口管理部门、中国人民银行、民政部门的管理。

基金会的归口管理部门，是指与基金会资助领域相对应的各级政府职能部门和党的工作部门。例如，一个资助教育事业的全国性的基金会，其归口管理部门应当是教育部。基金会的归口管理部门的含义及确定方法与一般社会团体的业务主管单位基本相同。

中国人民银行负责基金会的成立、改变名称、合并、撤销时的审查，经其同意才可以向民政部办理相应的登记；每年接收基金会对财务收支和活动情况的报告；对于基金会的违法行为给予停止支付、冻结资金、责令整顿的行政处罚等。

民政部门是基金会的登记管理机关，其职责与一般社会团体的登记管理机关的职责基本相同。建立基金会，由其归口管理的部门报经人民银行审查批准，民政部门登记注册发给许可证，即基金会实际上需要接受归口管理部门、人民银行和民政部门的三重监督管理。1999 年，中国人民银行、民政部联合发文，中国人民银行将基金会的审批和监管职责全部移交民政部，从而形成目前由归口管理部门和民政部门对基金会进行双重管理的模式。《基金会管理条例》沿袭了这一做法。

9.5.2.3 非营利组织的登记管理制度

我国政府为了对各种类型的非营利组织进行统一登记管理实行的一项基本制度就是双重管理制度，它最初是在 20 世纪 80 年代后期进行社会团体归口管理的实践中提出，后来随着相关法律法规的颁布执行，在社会团体、基金会和社会服务机构的登记管理实践中加以贯彻，并逐步发展成为我国非营利组织登记管理的一项基本制度。

所谓双重管理，是指国家对非营利组织的登记注册及日常管理，实行登记管理籍贯和业务主管单位双重负责的体制。这种双重管理加强了政府在登记管理方面对非营利组织的监督、管理和限制，并通过分散责任回避了登记管理机关与非营利组织之间的直接冲突，使得非营利组织在通过登记注册成为合法组织之前，必须首先成为政府所属的一定职能机构所需要和能够控制的对象，并受其管理和控制。

就登记管理制度而言，目前我国非营利组织主要实行分级管理和非竞争性原则。所谓分级管理原则，就是对非营利组织按照其开展活动的范围和级别，实行分级登记、分级管理的原则。所谓非竞争性原则，就是为了避免非营利组织之间展开竞争，禁止在同一行政区域内设立业务范围相同或者相似的非营利组织。

9.5.2.4 非营利组织的成立程序

社会团体、基金会、社会服务机构的成立条件分别由《社会团体登记管理条例》《基金会管理办法》《社会服务机构登记管理暂行条例》等法规予以规范。

（1）社会团体的成立。

①成立条件。《社会团体登记管理条例》是我国目前关于规定一般社会团体成立的最重要的法律，除此之外，还有国务院有关部委（主要是作为登记管理机关的民政部）为了按照该条例的规定行使职权而发布的大量规定。按我国现行法律的规定，成立社会团体应当具备六个条件。

a. 会员人数。有 50 个以上的个人会员或者 30 个以上的单位会员；个人、单位会员混合组成的，会员总数不得少于 50 个人，这里的"个人"指中国公民。中国法律没有禁止外国公民或者无国籍人员在中国结社，但是需要根据其他法律规定执行。目前，关于外国人和外国团体结社的主要法律规定是 1989 年国务院发布的《外国商会管理暂行规定》。但是，外国人或者外国团体如果想在中国组成商会以外的其他社会团体，在目前还难以合法进行。这里所说的"单位"，包括国家机关以外的组织，并不要求具备法人资格。如合伙企业这样的无法人资格的企业，也可以成为单位会员。

b. 名称和机构。社会团体的名称应当符合法律、法规的规定，不得违背社会道德风尚。社会团体的名称应当与其业务范围、成员分布、活动地域相一致，准确反映其特征。全国性的社会团体的名称冠以"中国""全国""中华"等字样的，应当按照国家有关规定经过批准，地方性的社会团体的名称不得冠以"中国""全国""中华"等字样。行政机关在决定名称是否规范方面有相当大的自由裁量权。

c. 固定的住所。要求社会团体必须有固定的办公场所，以便开展活动和接受管理。不论是自己享有所有权的房屋，还是租赁或者借用的房屋，都可以作为"固定住所"。

d. 专职工作人员。要求有与其业务活动相适应的专职工作人员，不可以全部为兼职。

e. 资产和经费来源。全国性的社会团体要求有 10 万元以上的活动资金，地方性的社会团体和跨行政区域的社会团体有 3 万元以上的活动资金。一般来说，合法的资产和经费来源主要是会员缴纳的会费、捐赠、政府资助、开展有偿服务的收入、举办的经济实体所上交的利润等。

f. 独立承担民事责任的能力。具备了前面几个条件，独立承担民事责任就有了基础。可以这样说，独立承担民事责任，是社团法人成立的核心条件。

②成立程序。我国社会团体的成立程序较为复杂，总体来说有这样几个必经程序。

a. 向业务主管单位申请筹备。社会团体的成立首先需要向业务主管单位提出筹备申请并经其审查同意。国务院的一些部委为了履行作为社会团体业务主管单位的职责，发布了一些行政规章。例如，原对外经济贸易部发布的《对外经济贸易社会团体管理办法》（1991 年），原广播电影电视部发布的《广播电影电视社会团体管理暂行办法》（1992 年），司法部发布的《专业法学社会团体审批办法》（1993 年）等。但是，业务主管单位的审查对登记管理机关并没有约束力，仅仅是一个初步审查。登记管理机关仍然享有全面审查社会团体的成立是否符合法律规定的权力，登记管理机关有权对所有已经经过审查的事项重新审查并独立做出决定。

b. 向登记管理机关申请筹备。申请成立社会团体，经业务主管单位审查同意后，发起人应当向登记管理机关申请筹备。社会团体的发起人向登记管理机关申请筹备时，应当提交下列文件。

·筹备申请书。发起人要填写由民政部监制的《筹备成立社会团体申请表》，其内容主要有住所、活动资金数额、活动地域、经费来源、会员数量、宗旨、业务范围、筹备发起人情况、拟任负责人情况。

·业务主管单位的批准文件。

·验资报告、场所使用权证明。

·发起人和拟任负责人的基本情况、身份证明。

·章程草案。章程是社会团体自治文件，是由会员按照一定的程序共同决定的。社团法律规定了章程应当具备的内容，这些内容在章程草案中当然应当具备，即：名称、住所；宗旨、业务范围和活动地域；会员资格及其权利、义务；民主的组织管理制度，执行机构的产生程序；负责人的条件和产生、罢免的程序；资产管理和使用的原则；章程的修改程序；终止程序和终止后资产的处理；应当由章程规定的其他事项。

c. 完成筹备工作，并向登记管理机关申请成立、登记筹备成立的社会团体，应当在登记管理机关批准筹备之日起 6 个月内，召开会员大会或者会员代表大会，通过章程，产生执行机构、负责人和法定代表人。筹备期间不得进行筹备以外的活动。

登记管理机关应当在收到各种申请文件后的 30 日内完成审查工作，做出准予或者不予登记的决定。对于符合《条例》要求的社会团体，准予登记，发给《社会团体法人登记证书》。从登记之日起，社会团体取得法人资格。登记管理机关决定不予登记时，应当将不予登记的决定通知申请人。

（2）基金会的成立条件及程序。

①成立条件。《基金会管理条例》规定的基金会成立条件与1988年《基金会管理办法》相比，有了一些变化。

a. 为特定的公益目的而设立。

b. 必要的资金。全国性公募基金会的原始基金不低于800万元人民币，地方性公募基金会的原始基金不低于400万元人民币，非公募基金会的原始基金不低于200万元人民币；原始基金必须为到账货币资金。

c. 有规范的名称、章程、组织机构以及与其开展活动相适应的专职工作人员。

d. 有固定的住所。

e. 能够独立承担民事责任。

②成立程序。根据《基金会管理条例》的规定，基金会成立程序是：

a. 向业务主管单位申请设立，取得业务主管单位同意设立的文件。

b. 申请人向登记管理机关申请设立，提交的文件有：申请书；章程草案；验资证明和住所证明；理事名单、身份证明以及拟任理事长、副理事长、秘书长简历；业务主管单位同意设立的文件。

c. 登记管理机关应当自收到上述所列全部有效文件之日起60日内，做出准予或者不予登记的决定。准予登记的，发给《基金会法人登记证书》；不予登记的，应当书面说明理由。

（3）社会服务机构的成立条件及程序。

①成立条件。申请登记社会服务机构，应当具备下列条件。

a. 不以营利为目的。

b. 有明确的社会服务范围。

c. 有规范的名称、章程。

d. 有与开展服务相适应的合法财产。

e. 有与其业务活动相适应的组织机构、场所、工作人员。

f. 有独立承担民事责任的能力。

g. 法律、行政法规规定的其他条件。

h. 社会服务机构注册资金不得低于3万元人民币。在省级以下地方人民政府民政部门申请登记的，注册资金具体标准由省级人民政府制定。

②成立程序。申请登记社会服务机构，需具备以下六项资料。

a. 登记申请书。

b. 业务主管单位的批准文件。

c. 场所使用权证明。

d. 验资报告。

e. 拟任负责人的基本情况、身份证明。

f. 章程草案。社会服务机构的章程应当包括下列事项：名称、住所；宗旨和业务范围；组织管理制度；法定代表人或者负责人的产生、罢免的程序；资产管理和使用的原则；章程的修改程序；终止程序和终止后资产的处理；需要由章程规定的其他事项。

登记管理机关应当自收到成立登记申请的全部有效文件之日起 60 日内做出准予登记或者不予登记的决定。

准予登记的社会服务机构，由登记管理机关登记社会服务机构的名称、住所，宗旨和业务范围、法定代表人或者负责人、开办资金、业务主管单位，并根据其依法承担民事责任的不同方式，分别发给《社会服务机构（法人）登记证书》《社会服务机构（合伙）登记证书》《社会服务机构（个体）登记证书》。

9.5.3　非营利组织的管理

9.5.3.1　非营利组织的战略管理

（1）非营利组织战略管理概述。战略管理是对组织的活动和发展实行的总体性管理，是组织制定和实施战略的一系列管理决策与行为，其核心是战略规划。非营利组织由于面临的外部环境日益复杂，内容管理过程中也不断涌现出许多新问题，因而战略管理作为一种先进的管理方式也开始被越来越多的非营利组织所采用。非营利组织战略管理的最终目标就是要通过管理手段使组织在激烈的市场竞争中立于不败之地，更好地服务于社会，也可以说是组织为了实现预定的目标所做出的全局性和高层次性的统筹安排。

（2）非营利组织战略管理的特征。尽管在方法上，非营利组织的战略管理借鉴了不少企业战略管理的概念和工具，但相较于以营利为目的的商业企业而言，非营利组织的战略管理具有以下几方面的特征。

①系统性。非营利组织的战略管理包括环境分析、战略规划的制定、战略规划的实施与战略评估四个阶段，在此过程中涉及人力资源管理、财务分析、信息管理等，是一种全程性管理。这一系列管理活动是总体规划的有机组成部分，使战略管理具有综合性和系统性特征。非营利组织的战略管理是根据其组织发展的需要制定的，更重视宗旨、使命和价值观，强调如何实现宗旨。宗旨在战略管理中具有关键的地位，它规定了非营利组织要实现的目标及实现目标的手段。因此，非营利组织的战略具有系统性等特征。

②未来导向性。非营利组织的战略管理是组织未来较长时间内的发展规划，虽然战略规划的制定要以当前外部环境和内部条件为依据，同时要对当前开展的活动进行指导，但这一切都为非营利组织的长远发展打下了坚实的基础。非营利组织战略的目的在于为未来提供总体的规划和蓝图，尽可能从长远的目标出发，在未来和现实之间搭建一座沟通的桥梁，必须不断地探索未来的发展道路。

③稳定性。非营利组织的规划一旦确定，便具有相对的稳定性，组织的所有活动都必须围绕这一规划进行，不能随意改变。尽管组织活动的环境会不断发生变化，组织必须根据变化的形势适时调整战略内容，但战略规划的总体方针与指导思想不能改变，战略管理的内容也不能时常改变，否则将会导致组织动作的摇摆不定，给组织带来消极影响。

（3）非营利组织战略管理的过程。对于战略管理的过程，在理论上人们有不同的划分，主要从以下五个阶段分析非营利组织战略管理的过程。

①准备阶段。准备阶段是战略管理的开始，这一阶段的主要任务是决定是否要进行战略规划。一般而言，只有具备如下条件才可进行战略规划：非营利组织的财务或人事管理

基本稳定、战略管理的启动得到了高层管理人员的支持、可进行组织协调工作。如果确定进行，则可依次进入下一步骤，筹建战略管理委员会，并确定大致的规划程序与进度安排，最后进行战略规划动员。

②环境分析。环境分析的主要任务在于运用系统的思考去识别影响组织的外部系统，进而掌握非营利组织内部的劣势与优势，了解外部的机会和威胁。环境包括一般环境和具体境。一环般环境指社会的或宏观环境层的力量。具体环境指对非营利组织的决策、管理发生直接影响的力量或因素，包括组织内部的环境。

③战略规划。战略规划是在环境分析的基础上拟定战略的过程，也是将战略意图转化为战略决策的过程。拟订一个有效战略，首先，要进行组织的自我评价，并就环境进行评估。其次，要确保计划工作的组织结构完整，保证战略的一致性。最后，要识别组织的优势和劣势，制定应变战略。

④战略实施。战略实施是将战略构想转化为现实绩效的过程。战略计划要付诸实施，必须采取一定的步骤去执行。

第一，要把战略传达给所有从事决策工作的主管人员，保证制定决策的人充分了解组织的战略。

第二，必须拟订战略实施计划并传达下去。

第三，确保行动计划反映重大目标且战略能对其做出贡献。

第四，要定期检查战略，并考虑拟订应变战略和计划。

第五，使组织结构符合计划工作的要求。

第六，不断地指导计划和战略的实施，创造一种推动计划工作的组织气氛。

⑤战略评估。战略评估是监控战略实施，并对战略实施的绩效进行系统性评估的过程，从战略管理整体来看，它着重于建立一种反馈机制，包括检查战略基础、衡量战略绩效、调整战略方案等。

（4）非营利组织战略管理的评价。非营利组织战略评价包括三项基本活动：一是考察潜在的战略基础；二是度量绩效，将预期结果与实际结果进行比较；三是采取纠正措施，以保证行动与计划的一致。各种战略评价活动之间的关系，如图9-5所示。

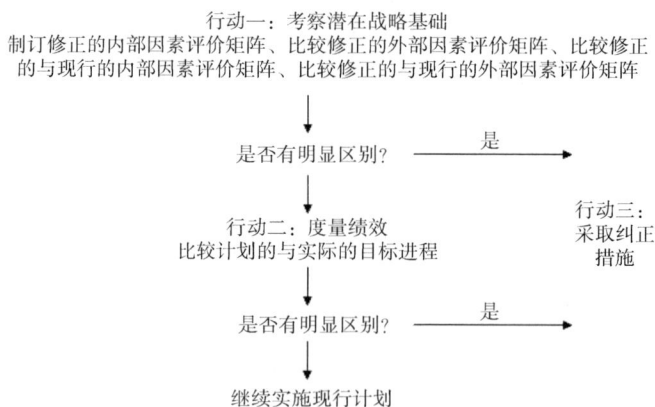

行动一：考察潜在战略基础
制订修正的内部因素评价矩阵、比较修正的外部因素评价矩阵、比较修正
的与现行的内部因素评价矩阵、比较修正的与现行的外部因素评价矩阵

是否有明显区别？ ——————是————→

行动二：度量绩效
比较计划的与实际的目标进程

行动三：
采取纠正
措施

是否有明显区别？ ——————是————→

继续实施现行计划

图9-5 各种评价活动之间的关系

9.5.3.2 非营利组织的财务管理

（1）非营利组织财务管理的概念及特征。

①非营利组织财务管理的概念。非营利组织财务管理是指各非营利组织在开展业务活动中的资金运动。非营利组织财务管理是非营利组织有关资金的筹措、分配、使用等财务活动所进行的计划、组织、协调、控制等工作的总称。

②非营利组织财务管理的目标及特征。非营利组织财务管理的目标取决于非营利组织本身的目标。在市场经济社会中，非营利组织为完成某一具体的社会使命需要有足够的资金支持，资金的获得和有效使用需要进行科学的财务管理。与非营利组织的社会使命相适应，非营利组织财务管理目标可以描述为：努力获取并有效使用资金，使之最大限度实现组织的社会使命，其财务活动就包括筹集资金并运用所筹资金为社会公众服务。因此，与商业企业相比，非营利组织财务管理的特征也有所不同，具体体现在以下几个方面。

第一，顾客不是主要的资金来源。商业企业的主要资金来源是通过销售产品和提供服务从顾客那里获取的收入，如果产品不适销，不能满足市场需要，那么商业企业就会出现入不敷出的状况，严重的将导致商业企业破产。而非营利组织则不完全依靠从顾客那里获取的服务收入来维持生存和发展。其资金来源大多为外部的捐赠，而这些捐赠者的主要目的不是期望获得同等或成比例的回报，而是希望非营利组织为整个社会或特定团体提供更多的产品和服务，从而带给社会福利。

第二，不存在利润指标。在商业企业财务中，利润指标能为衡量商业企业绩效提供标准，为商业企业提供量化分析的方法，使商业企业的分权管理成为可能，也便于在不同商业企业间进行比较。但是，非营利组织是不以获取利润为目的的社会公益性组织，其财务体系中通常缺少利润这一指标。尽管对于其所提供的社会服务也会收取一定的费用，但该收费水平与营利组织相比相当低，有些甚至是免费的。另外，由于非营利组织的最终目标是完成社会使命而非产生利润，所以尽管在运作的过程中也会产生收益来提供活动的资金或维持组织的生存，但即使有收益，也不能将收益分配给创设人、会员、干部、董事或员工。

第三，责权利不是十分明确。对商业企业而言，内部管理通常可以划分为众多责任中心，每一个中心也都有明确的职责及相应的权力，在对其职责履行进行考核评价的基础上，给予相应的利益。非营利组织由于缺乏利润等具体的量化衡量指标体系，使非营利组织的管理人员经常难以就各种目标的相对重要程度达成一致，从而难以对各部门的职责履行情况进行考核评价，因而对于各部门的责权利也就无法十分明确。

第四，非营利组织的所有权形式特殊。对于商业企业而言，商业企业的股东投资创办了商业企业，成为商业企业的所有者拥有商业企业资财的权益。而对于非营利组织而言，资财的权益属于组织本身所有而不是个人所有。这就使非营利组织不能对其资财权益进行转让、出售，且在某些情况下还必须按照资财提供者的要求来运作、管理和处置资财。总体来说，非营利组织资金的提供者对于组织的财产并不享有所有权。

③非营利组织财务管理的原则。非营利组织财务管理原则是非营利组织财务活动应遵循的基本规范，是对非营利组织财务运作提出的基本要求，也是评价非营利组织财务运作质量的标准，它反映着非营利组织财务运作活动的内在要求。非营利组织财务管理应遵循

以下的原则。

a. 依法理财，严格监督。依法理财是非营利组织财务管理应遵循的最基本原则。非营利组织的活动经费主要靠政府资助、商业企业辅助和民间捐赠，客观上决定了非营利组织各类资金的收支活动具有更强的规范性和程序性。

b. 勤俭节约。勤俭节约是非营利组织财务管理必须长期遵循的基本原则。在一定时期之内，非营利组织的社会资金供给是有限度的，各类非营利组织所能取得的活动经费也是有限度的，但非营利组织的事业活动则非常广泛。所以，非营利组织财务管理必须坚持勤俭节约的方针，将勤俭节约措施落实到资金筹集、分配和使用的每一个环节，优化资源配置，调整支出结构，提高资金使用效益，防止因效益问题而造成的资金浪费，使有限的人力、物力、财力发挥更大的作用，提升非营利组织的事业成果。

c. 以收定支、量力而行。在非营利组织中，各项事业发展和资金不足的矛盾是长期存在的。因此，非营利组织资金不仅要在数量上保持收入与支出相对平衡，还要在每一时点上保持收入与支出的相对平衡。另外，非营利组织必须尊重客观经济规律，从组织财务状况的实际出发，去办那些经过努力可以办到的事，而不能凭主观意志勉强去办难以做好的事情。最后，非营利组织要尽力而为，在财力许可的范围内，充分发挥人的主观能动性，努力挖掘资金潜力，区分轻重缓急，合理安排资金使用，使有限的资金发挥最大的效益，尽力办好可办之事。

d. 社会效益和经济效益并重。非营利组织以生产精神产品和从事社会公益活动为主，它的一切活动都必须把社会效益放在第一位，通过提供公益产品和服务来增进社会福利。在讲求社会效益的同时，非营利组织财务管理还必须讲求经济效益。既要避免片面强调社会效益而忽视经济效益，又要反对单纯追求经济效益而忽视社会效益，要把社会效益和经济效益有机地结合起来。

e. 兼顾国家、集体、个人三者的利益。非营利组织财务管理中的资金运作所体现的经济关系，实质上是一种物质利益关系，这种物质利益关系体现在国家、集体和个人三个方面。因此，非营利组织财务管理要认真贯彻社会主义物质利益原则，正确处理好国家、集体、个人三者之间的利益关系。在实际工作中，对三者的利益都必须充分考虑，相互兼顾，既要防止单纯强调集体、个人利益，忽视国家利益的现象，又要防止单纯强调国家利益，忽视集体、个人利益的现象。

（2）非营利组织财务管理的主要内容。

①预算管理。通过单位预算的编制、审批和执行，对非营利组织的各项财务收集计划所进行的管理称为预算管理。

②收入管理。对非营利组织的收入项目、范围、标准等进行的管理称为收入管理。

③支出管理。对非营利组织的支出项目、范围、标准等进行的管理称为支出管理。

④资产管理。对非营利组织的各种资产、债权及其他有形和无形的财产权利进行的管理称为资产管理。

⑤负债管理。对非营利组织的借入款项、应付款项、暂存款项、应缴款项等进行的管理称为负债管理。

⑥财务分析。通过运用各种方法，对一定时期内非营利组织财务活动进行的研究、分

析和评价称为财务分析。

⑦财务监督。主要是依据政府有关方针、政策和财务制度对非营利组织各项财务活动进行检查和督促称为财务监督。

（3）非营利组织的收入与支出管理。对于一般商业企业而言，利润最大化或股东财富最大化的财务管理目标，决定了商业企业财务管理的主要内容是筹资与投资的管理。然而，非营利组织获取并有效使用资金以最大限度地实现组织的社会使命的财务目标，以及区别于营利组织的财务特征，决定了非营利组织财务管理的主要内容是收入与支出的管理。

①收入管理。非营利组织收入是指非营利组织开展业务活动及其他活动依法取得的非偿还性资金，来源广泛。收入管理应当按收入来源区分为非自创收入与自创收入进行管理：

a. 非自创收入是指非营利组织接受的政府拨款和社会捐赠，这是非营利组织收入的重要来源。非自创收入的管理需要做好与政府合作、寻找商业企业合作伙伴、面向社会公众募捐等工作。

b. 自创收入是指非营利组织通过提供产品或劳务而向消费者直接收取的收入以及通过投资而从受资方取得的收益。扩大自创收入并加强其管理，是我国非营利组织发展的方向。自创收入主要包括业务收入、经营收入和投资收益。业务收入是指非营利组织为实现其社会使命而开展业务活动所取得的收入，这是自创收入的基本形式。需要注意的是，非营利组织是为实现其社会使命而运作，因此，对于为实现其社会使命所提供的服务，其收费应当是低水平甚至是免费的，而不能按照市场经济价值规律来收费。经营收入是指非营利组织在其实现社会使命的业务活动之外开展经营活动取得的收入。

非营利组织从事合法的经营来支持其非营利性的活动，需要符合下列条件：

第一，利润或收入不可分配给其创立人、会员、干部、董事或员工；

第二，其主要目的并非单纯从事经济活动，而是实现其非营利宗旨。投资收入是非营利组织所获取的资金，在运用于实现其社会使命的具体项目之前，通过资本运作方式进行投资，获取投资收益，以实现资金的保值与增值。非营利组织进行投资时，必须认真研究投资项目的收益及其风险，优化投资组合，在不提高风险的前提下使收益最高，或者在一定的收益条件下使风险降至最低。

②支出管理。非营利组织支出是指非营利组织为组织自身的生存发展和开展业务活动以实现其社会使命而发生的各种资金耗费。这里的支出与商业企业的投资不同，投资是为了获得经济上的利益，投资的管理必须从经济效益出发，而非营利组织支出所注重的是社会效益。

对于非营利组织的支出管理，应当按支出的用途分为项目及活动支出与行政支出，分别进行管理：

a. 项目及活动支出是非营利组织为了实现其社会使命而发生的支出。项目及活动支出的管理应当从社会效益出发，通过规划与监督，保证最大限度地实现组织的社会使命。行政支出是非营利组织为了自身的生存与发展而发生的支出。

b. 行政支出的管理应当厉行节约，尽可能控制行政支出占总支出的比重。当然，也并非行政支出所占的比重越低越好。任何一个组织开展活动都会有一定的行政开支，并且非营利组织也应当注重自身的能力建设，包括对员工的培训。只有非营利组织的能力得到提高，资金才能被更为有效地使用。

9.5.3.3 非营利组织的人力资源管理

（1）非营利组织人力资源管理的含义与特征。

①非营利组织人力资源管理的含义。人力资源是一个社会具有智力劳动能力和体力劳动能力的人的总和，构成要素包括人力资源的数量和人力资源的质量。非营利组织人力资源管理是指非营利组织为实现其组织目标和组织成员的自身发展，通过相关的法规、制度、方法和手段，对其成员进行规划、选拔、任用、激励、培训、考核等一系列管理活动的总和。

②非营利组织人力资源管理的特征。由于非营利组织的结构、目标同政府组织、营利组织的先天差别，决定了其人力资源管理必然存在显著差异。主要有以下几点。

a. 素质要求的特殊性。由于非营利组织是为社会公益服务的独立机构，具有较高的社会使命感。所以，对非营利组织的成员素质应该有特殊要求，即非营利组织的人力资源，其政治觉悟和道德品质要求高于社会整体人力资源的平均水平。非营利组织内的领导、计划、经营、管理等活动应该有很高的自愿参与成分，成员之间要有很强的团队合作精神，成员个人要有很高的道德自律水平。

b. 培训过程的特殊性。由于对非营利组织人力资源素质的要求不同于一般组织的人力资源，因此，在其获取、使用与管理中也必然有所区别。除了一般意义上的技能培训与岗位培训外，更需侧重使命感、责任感、道德感等方面的培训。

c. 激励方式的特殊性。与营利组织相比，非营利组织的成员个人与组织之间缺乏责任相关性和直接的经济利益相关性，因此，在对成员的约束和激励过程中，目标激励、人本管理、文化建设及柔性管理显得更为重要。一方面，要通过倡导组织文化、设定组织目标将每个人凝聚起来，以组织行为带动和约束个体行为，呼唤起个体成员的责任感和使命感，并用群众的认同感使其感到自身价值；另一方面，要贯彻人本管理理念，实行柔性管理。在非营利组织中，管理层应该提出目标、准则，去引导、说服、鼓励员工，激发其内在的积极性，而不是热衷于制度、结构和模式。

d. 绩效评价的特殊性。非营利组织的人力资源绩效评价与一般组织也有所不同，其绩效评价不一定与物质激励直接挂钩。在绩效评价过程中，定性的方法一般要多于定量的方法。对于员工贡献的评价，不着重看短期收益，而是要看重长远贡献。

（2）非营利组织人力资源管理的职能。非营利组织人力资源管理的职能包括人力资源规划、人力资源获取、人力资源开发、人力资源激励等。

①非营利组织人力资源规划。非营利组织人力资源规划主要包括职务分析、人力资源计划两个方面。职务分析的成果体现为职务说明和任职资格。职务分析的程序包括：准备阶段；调查阶段；分析阶段；完成阶段。非营利组织人力资源计划主要是非营利组织内外部环境分析与组织目标规划，具体包括：非营利组织现有人力资源状况分析、非营利组织人力资源预测、人力资源计划的编制、人力资源计划的评估。

②非营利组织人力资源获取。非营利组织人力资源获取即通过招聘、选拔和录用等环

节，配备组织所需的、与工作岗位相适应的合格人员的过程。高层管理人员主要是通过选任和委任方式产生的。除高层管理人员之外的其他成员则主要通过聘任方式获取。

③非营利组织人力资源开发。非营利组织在使用人力资源的同时，还要对人力资源进行不断的开发和培育，使人力资源适应社会发展和组织本身发展的需要。人力资源开发包括人员培训和人力资源绩效考评两个方面。

④非营利组织人力资源激励。为了实现留住人才的目标，人力资源管理需要建立和完善人才保障、激励机制。其中，薪酬管理是激励机制的核心。在非营利组织中，薪酬主要包括：工资、福利和奖金三种形式。薪酬管理的目的是：维持和激发职员的劳动能力；吸引和留住组织所需要的人才；激励职员积极学习知识、提高技能以及高效地工作；控制和节约组织的运作成本。薪酬管理的基本原则包括：竞争性原则、公平性原则、按绩效付酬的原则等。

（3）非营利组织人力资源管理存在的问题及其开发完善。

①非营利组织人力资源管理存在的问题。

a. 非营利组织人力资源开发利用不充分。一方面，许多非营利组织缺乏专门的人才培训机制，人力资源水平进步不明显，很多非营利组织要么忽视了对员工的培训，要么由于资金缺乏、工作繁重、人力不足等原因，未能提供员工培训的机会，使得非营利组织内部缺乏活力、缺乏创新意识。另一方面，缺乏对志愿者的有效管理。非营利组织的人员包含大量的志愿者，其规模大约占非营利组织总人数的1/3，要有效利用这些志愿者资源，就必须有一套完整而明确的志愿者管理规划，从招聘、培训、激励、评估、保障等方面进行一系列的管理。

b. 人才短缺、资金缺乏、法律支持不足。

第一，专职以及专业人才短缺是非营利组织人力资源管理面临的主要问题之一。非营利组织自身的特殊性对员工提出了较高的素质要求，增加了非营利组织招聘合适员工的难度。非营利组织使用的是社会公共资源，提供的是社会公共物品，其运作过程和开展的各种活动都要向社会公开，保持透明度并接受社会监督。所以，工作人员的行为不仅要对组织负责，还要受组织以外的社会监督，这些都要求非营利组织的员工不仅要有较强的业务素质而且要有较高的道德素质和很强的奉献精神。

第二，国内的非营利组织都有着二重性特征，主要是通过会员交纳一定的会费及社会捐助来获取组织经费，大多数非营利组织通常得不到政府的资金支持。

第三，非营利组织的社会公信力较低，绝大多数国家或地区还没有形成一个有利于非营利组织发展的完整的法律体系。

c. 非营利组织人力资源流失现象严重。非营利组织的工作性质决定了必须是具有使命感并对报酬不计较的人才能胜任。但经济社会的发展使得物质基础对非营利组织成员必然产生一定的影响。传统的精神激励已不再能使员工在钱少事多的工作压力下有长期的工作打算。

②加强非营利组织人力资源开发与管理。非营利组织能力包括一个非营利组织的活动能力、管理能力、创新能力、扩张能力和可持续发展能力。能力不足的基本原因是人才不足，尤其是创新人才的不足。所以，必须通过战略人力资源管理和开发来改善非营利组织

的服务质量，增强其灵活性和竞争力。人力资源开发的实质是启发、挖掘人力资源的内在潜能，充分调动人力资源的积极性和创造性，从而提高组织的绩效水平。人力资源的开发活动一般包括以下两个方面。

a. 组织开发。组织架构组成方式对组织成员的行为方式有着决定性的影响，因此在逻辑上，组织开发是人力资源系统开发的第一步。组织应当培育一个良好的组织文化氛围，在理念和思想上达成与成员双方的认同，增强组织的凝聚力；应培养成员以团队形式开展工作的能力，通过团队中多种人才的通力合作，提高工作效率和服务水平；还应构建组织"扁平化"，以使得组织对信息的把握和处理更准确、迅速，促进成员之间平等互助式团队工作的开展，成员的潜能能够得到充分的发挥和运用。

b. 组织成员的职业开发。为了提高组织的工作质量和水平，实现组织成员的利益需求和职业抱负，组织可以采用教育培训等措施，提升并挖掘成员的职业能力，帮助成员进行职业生涯的规划，将组织目标和成员的个人需要和职业抱负进行整合。职业开发包括的内容如下：提升组织成员个人职业素养、帮助组织成员进行职业选择，促进其职业生涯发展、将组织的职业需求与个人的职业需求相匹配。

非营利组织在进行人力资源开发时，应侧重于以下两方面的内容：第一，非营利组织人力资源开发旨在提高组织成员的能力，要求组织的管理层、受训者和培训人员都投入其中，使组织上下能够全体合作，从而更从容、主动地应对变革；第二，需克服非营利组织工作人员必须不计报酬或少计报酬的片面观点，按照市场原则决定的工资水平来聘用专业人士和服务人员加入非营利组织工作，并以社会责任感和自我成就感激励非营利组织的工作人员在发展非营利组织工作中做出贡献。

9.5.3.4　非营利组织的营销管理

（1）非营利组织营销的意义与导向。

①非营利组织营销的意义。非营利组织的非营利性并不排斥适当地向商业企业借鉴关于市场运作的方法。市场仅仅是一种手段，商业企业可以运用市场，非营利组织同样也可以运用市场。经验表明，营销可以帮助非营利组织更好地运作，其意义在于以下几方面。

a. 确认公众需求。通过营销，分析并确认公众的需求，据以提供正确的公共服务和引导公众健康需求。

b. 提高自身形象。通过营销，非营利组织把自身的组织宗旨和其他信息传达给公众，从而提高其在公众中的形象，并刺激公众给予回应。

c. 确定组织目标。通过营销，确定组织目标，并拓宽非营利组织资源的获取途径，使任务的完成更为顺利。

d. 吸引公众关注。通过营销，引起公众的注目，吸引非营利组织需要的各种关注和支持，从而使非营利组织在社会上产生更大的影响力。

②非营利组织营销的导向。对任何机构而言，营销的一个最基本问题就是导向问题。从总体上讲，对非营利组织而言，大体有五种导向模式，即生产导向、产品导向、推销导向、营销导向和社会营销导向。

a. 生产导向。以生产为导向的组织将注意力主要集中于增加产量和降低成本上，通过大量生产和压缩成本以形成规模经济。因此，组织在市场上的表现就是，生产什么就销售什么。在这种经营理念的指导下，非营利组织以生产为中心带动和促进自身的发展，很少或根本不考虑顾客的需求。

b. 产品导向。产品导向是生产导向的另一种表现形式，只是侧重点有所不同。以产品为导向的组织奉行"只要有产品质量，就一定会赢得市场"这一信念，往往根据自己的产品来确定组织的任务。在这种观念指导下，非营利组织总是致力于生产优质产品，并不断地改进产品，而忽视了一个重要的法则，即质量的评价标准应该来自于市场，而非组织自身的各项考核指标。

c. 推销导向。推销导向认为，组织的主要任务是刺激潜在的顾客，使其对现有产品产生兴趣，从而购买本组织的产品。在此观念指导下，非营利组织加大了广告的预算及推销力度，试图以高密度的宣传方式说服公众来接受其产品。这种行为意在试图改变消费者的行为，而不是适应消费者的行为，把"推销"变成"营销"的同义词。

d. 营销导向。营销导向认为，实现组织目标的关键在于确定目标市场的需要和欲望，并且用比竞争对手更有效的方式来满足目标市场的需求。这种观念强调组织要以顾客需求为中心，即把满足顾客需求作为组织一切经营活动的中心和最高准则，并将此贯彻到组织生产经营的全部过程中。按照这种导向，非营利组织考虑问题的逻辑顺序不再是从产品出发，而是从顾客出发，根据目标市场的特定需求来组织产品并实施销售，即决定交易成败的关键不取决于非营利性组织，而是取决于顾客。

e. 社会营销导向。社会营销导向强调，组织在满足目标市场需要的同时，更需要注重消费者的长远利益和社会的长期福利。这一观念将营销提升到更高的层次，是对营销导向的重要补充和完善。社会营销观念要求管理者在营销活动中必须处理好非营利组织与顾客、社会的关系，广泛开发关系营销的活动，并采取所谓的"事业关联营销"的手段来获得成功。

（2）非营利组织营销的特点。非营利组织营销与营利组织营销有着很多相似的方法，如都需要进行营销环境分析、制定4P策略等。但是，由于非营利组织不仅要谋求自己组织的利益，更重要的是要谋求目标群体的利益，为整个社会造福，因此，非营利组织营销又呈现出与营利组织营销明显不同的特点。主要有以下几点。

①以服务营销为主。非营利组织提供的产品主要是服务，而服务与有形产品是有一定区别的，它具有无形性、相关性、易变性和时间性等特征。因此，非营利组织营销具有明显的服务营销特点。它不仅以财务指标作为评判依据，还要考虑"使生活变得更好""提高人们的居住环境舒适度""改变人们的不良观念"等社会指标，这就要求非营利组织需要拓展思路，以更开阔的眼光来审视营销的效果。

②目标多元化。营利组织的目标是利润最大化，非营利组织也追求利润最大化，但与营利性组织的最大差异是，利润不是非营利组织追求的首要目标，非营利组织最主要的目标是实现组织的使命，造福整个社会，追求经济效益、社会效益、生态效益的最佳整合，同时要尽可能地增加收入，使组织生存、发展、壮大。多元化的目标，增加了非营利组织营销目标的实现程度。对此，非营利组织的管理者必须善于从中选择较为重要的目标，更加认真、努力地用市场营销理论指导实践，使组织在营销活动中，合理配置资源，满足社会公众的需要，实现组织目标。

③公共关系地位突出。与营利组织不同的是,营销对象和利益相关者的多样化使非营利组织不仅要对顾客、捐助者营销,还要妥善处理与其他各种利益相关者的关系。正是由于非营利组织营销对象和利益相关者的多样化,公共关系在营销中显得尤其重要,非营利组织需要充分运用好公共关系这一营销手段,并以此来获得良好的外界资源和强大的竞争力。

④严格的公众监督。由于非营利组织能够获得政府、社会公众的无偿资助,且享有税收政策的优惠,所以其经营活动必须服从或服务于公众利益,因此,它开展营销活动时往往要接受更严格的公众监督,它的一举一动也常常会引起大众媒体、捐助者和顾客的关注。也正因如此,非营利组织所受到的公众压力远远大于营利组织。

(3)非营利组织的营销策略。任何一个组织,不论是商业企业、政府,还是非营利机构,都有自己的顾客,满足顾客的需求是一个组织存在和发展的依据,市场营销正是以顾客为中心的管理哲学。非营利组织也应该收集市场调研资料,进行市场细分,正确地定位、适当安排营销组合。

①市场细分。采用差异化营销,有针对性地对目标顾客实施营销策划,是市场营销成功的关键。市场细分是非营利组织选择目标市场之前必须要进行的工作。各非营利组织根据所收集的市场调研资料,确定市场细分的变量,进行市场细分,选择目标市场。这样,便于组织针对目标市场开发满足顾客需求的产品和服务,并调整市场营销组合的其他变量,使组织有限的资源发挥更大的作用。

②选择目标市场细分。市场的目的在于选择目标市场。在进行目标选择之前,为了更好地满足顾客的需要,非营利组织需要进行正确的定位。定位是指非营利组织设计自己的形象和价值,从而在目标顾客心中确定与众不同的地位。非营利组织在综合考虑目标市场、目前处境、竞争对手优势与劣势后,就可以实施定位,考虑成为市场领导者、市场挑战者、市场追随者或市场补缺者,并分别采取相应的行动策略。在进行目标市场定位时,非营利组织应努力做到以下几点:确定差别优势;把握时机,争取速度;随机应变,灵活主动;注意发挥整体效益,运用好整合营销策略;正确处理好正位竞争与错位竞争的关系。

③产品策略。非营利组织可提供的产品大多趋向于服务或所供应的综合利益。非营利组织提供的服务要优于商业企业,因为它关系到消费者的长远利益,甚至是国家的长远利益。产品的质量体现在服务中,因此,提供的服务质量要以公众的标准来进行衡量。由于服务的无形性,消费者购买服务完全基于对提供者的信任。非营利组织要向目标客户群体充分展示产品的核心利益,增强公众的信心,使目标客户群体满意来维系其忠诚度。这就要求非营利组织在调查分析的基础上开发并创造出公众所接受的产品,通过由指导到引导的过程来满足公众的需求。

④定价策略。非营利组织所提供的产品绝大多数是服务性收费,因此,非营利组织的价格策略也就是服务收费策略。通常,服务产品的定价方法有以下几种。

a. 全成本定价。对于许多非营利组织来说,大量的产品是以全成本定价的。

b. 全成本附加定价。一些非营利组织必须把价格定到高于其全部成本并有一定的剩余额。对于这些组织来说,这部分剩余额扮演了一个极其重要的角色,它可以满足组织固定资产的更新或工资成本的供应。

c. 补贴价格。对于那些顾客不能或不愿意支付全成本价或全成本附加价来购买的服务，非营利组织可以采取价格补贴方式予以鼓励。

d. 处罚价格。非营利组织为了阻止顾客使用某一类型的服务而以高于全成本的价格收费。之所以要阻止顾客使用这种服务，或者是因为提供这种服务的装备不行，或者是因为提供这种服务对组织或其他服务会产生一定的负面效应。

⑤渠道策略。非营利组织应将自己的产品和服务以最便捷的方式提供给目标群体，但大多数非营利组织都相对缺少资源，靠组织或机构自身无法完成渠道计划，因此，它们必须求助于人，以获得其他机构的支持与协助。非营利组织要善于利用渠道分担成本，尽可能采取发展中介机构的一些有效措施，提供时空上的便利性，使少量的资源能够充分发挥效用。非营利组织或机构要与渠道成员相互协调好，使双方都感到各自对社会负有的共同责任。

⑥传播策略。大多数非营利组织是利用传播来影响其目标群体行为的，它们选择公众乐于接受的媒体形式（广告、宣传、销售促进和人员推销）为目标客户群体提供利益的有关方面信息。在向目标客户群体进行传播的同时，还可以争取谋求外界支持，通过获得协助以达到影响公众消费心理并进而影响其行为的目的。例如，由于广告招商机构赞助社会福利事业可以提高其知名度，在公众心中树立更好的形象，非营利组织最易于获得协助的促销传播方式是广告。

9.5.3.5　非营利组织的绩效管理

（1）非营利组织绩效管理的含义及特点。

①非营利组织绩效管理的含义。非营利组织绩效管理是管理非营利组织内员工绩效的系统，员工参与到绩效管理过程中，通过组织与员工的不断沟通，将员工个人工作目标与组织的目标联系在一起，使员工不断纠正工作中的偏差，根据组织的目标不断改进自己的业绩，双方在绩效评估内容和标准上达成共识。通过绩效计划、绩效实施与管理、绩效评估和绩效反馈不断改善员工业绩。非营利组织绩效管理的思想精髓是以人为本，重视员工的发展，以达到实现组织目标和员工个人价值"双赢"的目的。

②非营利组织绩效管理的特点。首先，非营利组织绩效管理是一个系统，它包括绩效的界定、绩效的衡量以及绩效信息的反馈过程。其次，非营利组织绩效管理是将员工工作活动与组织目标联系在一起的过程。组织的绩效最终要通过员工的工作绩效来实现，员工工作绩效改善的根本目的是保证组织目标的实现。最后，非营利组织绩效管理是组织与员工不断沟通的过程。绩效管理通过管理者和员工持续不断的沟通，从而保证员工的工作过程以及工作结果始终与组织目标相一致。

（2）非营利组织绩效管理的一般过程。绩效管理是一个完整的系统，绩效管理过程通常被看作一个循环。这个循环的周期通常分为四个步骤，即绩效计划、绩效实施与管理、绩效评估与绩效反馈。

①绩效计划。绩效计划是绩效管理流程中的第一个环节，发生在新绩效期间的开始之时。绩效计划的程序一般包括：准备阶段、沟通阶段和对绩效计划的审定和确定阶段。

第一阶段：准备阶段。这一阶段主要包括准备制订绩效计划所必需的信息和确定绩计划沟通的方式两方面。

第二阶段：沟通阶段。沟通是人与人之间传达信息和思想的过程，它是协调工作的基础。因此，本阶段是绩效计划的核心，在这个阶段，需要管理者与员工对本次绩效期间内的工作目标和计划达成共识。

第三阶段：审定和确定阶段。在进行了周密的准备，并且与员工进行沟通之后，绩效计划就初步形成了。但为了使绩效计划合理，最终完成还需要对其进行审定和确定。

②绩效实施与管理。制订了绩效计划之后，被评估者就得按照计划开展工作，在工作过程中，管理者要对被评估者的工作进行指导、监督和反馈，对发现的问题和偏差及时予以解决，并对绩效计划进行调整。随着内外环境的变化，绩效计划也要根据实际情况不断改变。

③绩效评估。绩效评估就是评定者对于评定任务有关的绩效信息进行收集、组织、贮存、提取、整合并予以实际判定。绩效评估是绩效管理过程的一个主要环节，是组织与员工之间的互动过程。绩效评估能及时为人力资源管理提供信息，因此，实施绩效评估一直被认为是组织内人力资源管理中最难，也是最强有力的方法之一。绩效评估的主要方法有以下几种。

第一种：自我评定。让员工做自我鉴定，有利于评估对象总结经验教训，克服缺点，调动其积极性，并取得评估对象的信任和支持，减少其防卫心理，从而促进评估成功。

第二种：同级评定。让组织内同事之间相互评议，有利于沟通思想，增进相互了解，达到互相帮助，增强团结的目的。同时，可以了解同事们对评估对象的意见和看法，特别能获得协调与社交能力及素质水平方面的信息，但应防备因同事忌妒心理而出现不必要的偏差。

第三种：下级对上级的评定。这是评估各级领导的一种方法，让群众对各级领导人进行民主评议，有利于加强领导与群众的联系，同时能反映领导者的素质和有关能力。如采取书面形式应无记名，以利于反映真实看法。该角度对各级领导有较大鞭策和促进作用。

第四种：上级对下级的评定。该方法以直接领导的评定为主，领导者以直接观察和日常考核资料为依据，评估下属人员。此法简单易行，但应注意听取本人意见。

第五种：组织评定。由组织人事部门对各类人员进行评估。组织评估应以上述几种评估结果为依据，使估计尽量做到客观、公正和公平。

④绩效反馈。绩效反馈是绩效管理过程的最后一个环节，也是绩效管理是否能取得成效的关键环节。作为一个完整的绩效管理系统，当绩效评估完成之后，需要对评估结果进行细致的分析，并且将评估结果及时反馈给被评估者，从而起到有效的检测及控制作用，达到改善和提高绩效水平的目的。但在实际工作中，许多管理者往往回避绩效管理的反馈过程。这样，不仅使员工发现不了工作中存在的问题，而且会挫伤员工工作的积极性。

那么，有效的绩效反馈有哪些条件呢？首先，管理者要具有良好的沟通能力，并且需要做好充分的准备，这是保证绩效反馈取得良好效果的前提；其次，要让员工积极参与到绩效管理的整个过程中，并且给他们以充分发表个人意见的机会，使员工感到他们是绩效管理的参与者，而不仅仅是被评估者、旁观者，从而消除他们对绩效管理的抵触情绪；最后，如果在绩效管理中引入奖励机制，员工对绩效反馈会更加积极，能改善员工工作业绩和提高员工工作效率。

9.5.3.6　非营利组织的危机管理

（1）非营利组织危机管理的概述。

①非营利组织危机管理的含义。不同于危机治理，危机管理是一种有计划的、连续的、动态的管理过程，即针对潜在的或当前的危机，在事前、事中、事后，有效采取应对措施，将危机带来的伤害减至最低或使之消亡。非营利组织的危机管理是为了避免或减轻危机情境带来的严重威胁而从事的长期规划及不断学习与适应的动态过程。危机一般具有阶段性、不确定性、复杂性与符合性、空间性与时间性、过程的动态性与持续性、双面效果性等特点。对于非营利组织而言，其一般会面临以下五个方面的危机：资产危机、收入危机、责任危机、人员危机、信誉危机。

②非营利组织危机管理的原则。非营利组织的使命是公益性的，其经费主要来自慈善基金、捐款、政府补助或服务收入等；而服务的对象主要是弱势群体，所以非营利组织往往被外界期许为爱心机构。社会大众对非营利组织的道德标准要求相当高，尤其是那些主要依赖社会大众捐款的组织，如果非营利组织在经营管理的过程中，面临如善款被挪用、安置的服务对象被虐待等危机事件时，若处理不当，这些危机可能会影响到非营利组织的存在价值，会使得组织成员自我价值错乱，服务对象身心重创，甚至使非营利组织面临倒闭的严重后果。

由此，对非营利组织的危机管理尤为重要。在非营利组织的危机管理中，也必须遵循一定的原则，在实践中逐步改进，这样才能使非营利组织不断地在服务社会时获得自身的良性发展。

a. 预防第一原则。危机具有很大的破坏性，一旦危机发生就会造成组织巨大的损失和社会冲击，由此，非营利组织要采取超前的行动，及早发现引发危机的线索和原因，积极采取措施，将危机扼制在萌芽状态。

b. 制度保障原则。非营利组织危机管理的知识是需要学习的，技能是需要训练的，但比这些更重要的是日常危机管理制度的建立。只有制度才能让非营利组织以不变应万变，在危机来临时有条不紊地应对。

c. 快速反应原则。危机具有很大的危害性，甚至是灾难性。危机发生后，非营利组织应快速做出反应，以最快的速度启动危机应急方案，迅速调动人力、财力和物力来实施救助行动，遏制危机影响范围的进一步扩大，尽力降低危机造成的损失。

d. 真诚坦率原则。真诚坦率原则就是危机管理的透明性原则。当危机爆发后，非营利组织要高度重视，做好信息的传递与发布，并在组织内外部进行积极、坦诚、有效的沟通，充分体现出非营利组织在危机应对中的社会责任感，从而为妥善处理危机创造良好的氛围和环境，达到维护和重塑形象的目的。

③非营利组织危机管理的目标。危机对于非营利组织而言，既是机遇又是挑战，关键在于如何管理危机。非营利组织进行危机管理的目标如下。

a. 最大化资产价值。有效的危机管理可以避免设备、车辆等不动产的损坏、遗失；通过定期的资料检查、备份，避免数据库的损坏；通过妥善保管，避免书籍、文件等智力资产的损失、损坏；通过科学、稳妥的投资确保资金的增值。做到以上几方面进而也就实现了资产价值的最大化。

b. 最大化人员安全。有效的危机管理通过改善工作条件，预见服务过程中可能出现的事故，确定行为界限，确保志愿者与专职员工的安全。通过改进设备、提高服务人员素质，确保服务对象与一般公众的安全。

c. 最大化组织信誉。有效的危机管理，通过提高服务的质量提升组织声誉和社会地位。同时，在危机发生的情况下，积极的应对态度与良好的公关能力也可以化危机为机遇，改善组织的外在形象，进而增加公众的信任度，实现组织信誉的最大化。

d. 广泛化收入来源。有效的危机管理通过提升组织的社会地位，确保组织目标的实现，可以获得更多的国家补贴和捐赠收入。有效的危机管理通过提升运营管理的效率，提升服务的质量，也可以增加服务所得。同时，良好的信誉还可以吸引营利机构的投资。

e. 最大化社会福利。非营利组织是为了实现特定的社会目标而成立的，有效的危机管理预警系统可以利用非营利组织在社会服务和管理中所具有的创新优势及贴近基层的优势，及早发现社会中存在的问题。有效的危机管理系统可以发挥非营利组织的灵活效率优势，及时解决问题，实现社会福利的最大化。

整体而言，危机管理有两个首要的、基本的目标，一是阻止危机的发生，二是减少损失。非营利组织危机管理并不仅仅是找出问题，更重要的是要寻找使组织更具效率的途径以解决问题。

（2）非营利组织危机管理的过程。危机管理是一种主动、积极地对危机事件进行的计划性、系统性和持续性的管理过程，旨在危机事件所处的时间、空间范围内将其发生的概率和产生的负面影响降低到最低程度。根据危机发生的阶段性，可以将非营利组织危机管理分为三个阶段：危机爆发前、危机爆发时和危机解决后，如图9-6所示。

图9-6 非营利组织危机管理的主要过程

阶段1：危机爆发前的阶段——预防。危机预防，主要指在危机还未发生时，即危机还处于潜伏期时，通过采取各种有效措施，消除可能导致危机的各种隐患，从而避免危机的发生；同时，制订危机管理应急预案，以应对将发生的危机事件。在此阶段上，非营利组织主要的工作是建立危机预警系统，制订危机管理应急预案。非营利组织运用一定的监测手段和沟通网络建立危机预警系统，敏锐地监测危机发生的先兆，通过健全的危机报告程序将信息及时传达到非营利组织管理层、决策层。同时，非营利组织根据可能出现的不同种类的危机事件，由不同的部门制订相应的危机管理应急预案。

阶段2：危机爆发时的阶段——应变。一般意义上的危机处理，即指此阶段。在此阶段非营利组织要妥当处理，临危不乱。因此，当危机发生时，非营利组织要按照危机处置计划去执行，启动危机处理小组，采取各项应变措施，并将危机予以围堵与封锁，防止危机的扩大，同时，非营利组织要注意避免二次伤害的发生，以免造成更大的损失。在此阶段上，非营利组织的执行机构大致可分为三项：危机处理小组、危机资源管理系统和危机情境监测系统。

阶段 3：危机解决后的阶段——恢复重建。在危机解决后，非营利组织首先要对危机管理系统进行评估和调查工作，以确认危机发生的真正成因。其次是恢复机制的设计与启动。在危机处理告一段落后，非营利组织应重视善后工作，如适当的规划处理、相关人员的安抚照顾及组织形象再造等工作，又如使组织成员了解危机对组织所造成的严重影响，来获得成员的认同与谅解，进而恢复或超越在危机来临前的服务水平。最后则是从教训中学习、积累经验，不断优化危机处置计划。危机管理并不是应付完危机就算完成任务，更重要的是强调学习的过程。爆发危机后，管理者最主要的工作是要从危机事件中学习、吸取经验教训，这样才可以促进非营利组织的再成长，并将这次的经验教训反馈到危机前的准备工作中，增加危机处理能力，以利于危机管理活动的再推动。

总之，危机事件虽然必定会给非营利组织带来严重损害，但未必会造成大灾难。如果处置得当，这对非营利组织的长远发展可能会是转机。非营利组织要将危机转为契机，就必须防患未然，做好危机前的预防和准备工作。

9.6　"蓝灯行动"的公益创业

本项目通过多年的发展，形成了6种公益创业模式。

（1）企业捐赠。企业捐助资金给自闭症儿童康复单位或公益组织；

（2）公益增值。邀请社会明星、名流等通过义演、义拍等活动，将举办的慈善晚会收入捐助给慈善机构；通过拍卖会，企业购买自闭症儿童艺术作品，让爱心人士在帮扶自闭症儿童的同时，能够了解到自己所需求的商品，从而实现需求满足的同时献出一份爱心。

（3）政府购买。中标政府公布的公共服务项目，其中包括儿童服务、残疾人服务项目，获得政府支持资金。

（4）学术课题。获得红十字基金会、残联等机构课题立项，在研究自闭症患者的同时，立项资金也可以用于项目发展。

（5）募捐和义卖。线上虚拟运营和线下双线销售，开展募捐活动和义卖活动。在线上借助于"蓝灯行动"网站，分为艺术课程视频、作品秀、慈善商城、慈善基金等版块，能够提供在线捐赠、在线咨询、视频下载等服务，通过线上系列活动开展和会员人数的扩张，提升网站知名度和影响力，增加网站点击量，实现广告收入。开展网络系列微公益活动，利用互联网思维高速、高效、极致的运转，发挥公益效益最大化，并实现良性循环。

在线下开展公益活动，并在"蓝灯行动""两微一端"随时发布活动动态，使得能够有更多的爱心人士参与到活动当中，帮助更多的自闭症儿童。与此同时，公益义卖实体店现场，可以免费登记注册成为我们的会员，享受一系列服务。让顾客在爱心帮扶的同时，能够收获更多感动和快乐。

线上线下相结合运转，使得"蓝灯行动"能够更快地融入社会，提高知名度，创建品牌性，实现可持续发展。

（6）自制慈善货架超市售卖。慈善超市最初是起源于美国，主要业务是接受、处理和销售市民捐赠的旧物，并且用销售这些物资得到的善款为残疾人、失业者等兴办各种类型的福利工厂、职业培训机构和就业安置场所。中国在上海、广州、沈阳、温州、苏州等地都陆续开办了慈善超市。

"蓝灯行动"项目已与超市达成合作意向，在20余家超市设立慈善货架，招募志愿者义卖自闭症儿童的艺术作品（工艺品、书签、绘画品、装饰品），将自闭症儿童的画作转印在文化衫、口罩、书签上，批量印制出售。

实践篇

第 10 章　课程教案

10.1　音乐课教案

10.1.1　《大耳朵图图》《葫芦娃》

· **策划人**：赵伊人

· **具体安排**：

(1) 问好，介绍自己，点名欢迎小朋友。

(2) 播放《大耳朵图图》，带动气氛，使气氛活跃起来。

(3) 引入学习歌曲《葫芦娃》，教《葫芦娃》的歌词和舞蹈。

(4) 请小朋友和志愿者上台表演，表演完进行表扬和奖励。

注：务必让全体志愿者提前听这两首曲目，记住大致歌词。

10.1.2　《秋风来》《石头剪刀布》

· **策划人**：赵伊人

· **具体安排**：

(1) 问好，介绍自己，点名欢迎小朋友。

(2) 边听边做《秋风来》手势舞，带动气氛，使气氛活跃起来。

(3) 引入学习歌曲《石头剪刀布》，教歌词和舞蹈。

(4) 请小朋友和志愿者上台表演，表演完进行表扬和奖励。

注：务必让全体志愿者提前听这两首曲目，记住大致歌词。

10.1.3　《我是一颗跳跳糖》

· **策划人**：赵伊人

· **具体安排**：

(1) 问好，介绍自己，点名欢迎小朋友。

(2) 播放《我是一颗跳跳糖》，带动气氛，使气氛活跃起来。

(3) 引入学习歌曲《我是一颗跳跳糖》，教《我是一颗跳跳糖》的歌词和舞蹈。

(4) 请小朋友和志愿者上台表演，表演完进行表扬和奖励。

注：务必让全体志愿者提前听这两首曲目，记住大致歌词。

10.1.4 《小手拍拍》

·**策划人**：赵伊人

·**具体安排**：

（1）问好，介绍自己，点名欢迎小朋友。

（2）播放《小手拍拍》，带动气氛，使气氛活跃起来。

（3）引入学习歌曲《小手拍拍》，教《小手拍拍》的歌词和舞蹈。

（4）请小朋友和志愿者上台表演，表演完进行表扬和奖励。

注：务必让全体志愿者提前听这两首曲目，记住大致歌词。

10.1.5 《小青龙》《小兔子乖乖》

·**策划人**：赵伊人

·**具体安排**：

（1）问好，介绍自己，点名欢迎小朋友。

（2）播放《小青龙》《小兔子乖乖》，带动气氛，使气氛活跃起来。

（3）引入学习歌曲《小青龙》《小兔子乖乖》，教《小青龙》《小兔子乖乖》的歌词和舞蹈。

（4）请小朋友和志愿者上台表演，表演完进行表扬和奖励。

注：务必让全体志愿者提前听这两首曲目，记住大致歌词。

10.1.6 《宝宝不怕冷》

·**策划人**：侯璟萱

·**具体安排**：

（1）前2分钟：老师向小朋友们问好。介绍老师的名字。欢迎小朋友们的到来，引入预防疾病的主题。活跃气氛让小朋友跟着老师活动起来。

（2）中间5分钟：播放歌曲，所有志愿者带着小朋友跟着老师学习舞蹈动作和歌词，志愿者带着孩子们一起跳。

邀请小朋友上台表演并为小朋友加油。

（3）最后2分钟：表扬和鼓励小朋友。

奖励小朋友，他们都是最棒的！

10.1.7 《感谢》

·**策划人**：周千瑜、王潇瑶

·**具体内容**：

（1）前2分钟：由志愿者带着小朋友稍微活动，一起听一两遍歌曲，让志愿者熟悉一下小朋友。

（2）中间5分钟：教歌曲。由老师教，志愿者辅助，让小朋友快速融入活动，活跃气氛。

（3）最后 2~3 分钟：请一些小朋友和志愿者进行表演，准备小礼品送给主动上场的小朋友。

注：如果可以，可以让家长一起唱这首歌，让小朋友对家长表达感谢，课程总时长为 8~10min。

10.1.8　《郊游》

· **策划人**：周千瑜、王潇瑶

· **具体安排**：

（1）问好，介绍自己，点名欢迎小朋友。

（2）聆听歌曲，带动气氛，使气氛活跃起来。

（3）引入学习歌曲《郊游》，教歌词和舞蹈。

（4）请小朋友和志愿者上台表演，表演完进行表扬和奖励。

注：务必让全体志愿者提前听这两首曲目，记住大致歌词。

10.1.9　《红绿灯》

· **策划人**：侯璟萱

· **具体安排**：

（1）老师向小朋友们问好。

介绍老师的名字。

欢迎小朋友们的到来并引入交通安全小卫士的主题。

活跃气氛让小朋友跟着老师活动起来。

（2）播放歌曲《红绿灯》。

由志愿者带着小朋友跟着老师学习舞蹈动作和歌词，志愿者带着孩子们一起跳。

邀请小朋友上台表演并为小朋友加油。

（3）告诉小朋友遵守交通安全的重要性。表扬和鼓励小朋友。

10.1.10　《铃儿响叮当》

· **策划人**：侯璟萱

· **具体安排**：

（1）老师向小朋友们问好。

介绍老师的名字。

欢迎小朋友们的到来，引入"圣诞节"的主题并向小朋友们介绍圣诞节的传统。

（2）播放歌曲《铃儿响叮当》，并一起热身，活跃气氛，让小朋友跟着老师活动起来。

志愿者带着小朋友跟着老师学习舞蹈动作和歌词，再放音乐，由所有志愿者带着孩子们一起跳；邀请小朋友上台表演并为小朋友加油。

（3）表扬和鼓励小朋友，奖励小贴纸。

向小朋友们送去圣诞节的祝福。

10. 1. 11　《小龙人》

·策划人：孟洁

·具体安排：

（1）问好，介绍自己，点名欢迎小朋友。

（2）播放《小龙人》，带动气氛，使气氛活跃起来。

（3）播放今天要学的曲目，教《小龙人》的歌词和舞蹈。

（4）请小朋友和志愿者上台表演，表演完进行表扬和奖励。

注：务必让全体志愿者提前听这两首曲目，记住大致歌词。

10. 1. 12　《三只小熊》

·策划人：孟洁

·具体安排：

（1）首先进行点名，到场的小朋友在志愿者的协助下举手示意答到，告诉小朋友们开始上课啦。

（2）播放今天要学的曲目，一句一句地教小朋友。学到一定程度后可让小朋友和志愿者一起上台领唱一段。

（3）开始教舞蹈，一个动作一个动作地教，再完整播放歌曲，集体跳一两遍。鼓励小朋友和志愿者上台表演，要积极鼓励小朋友！

（4）送上比之前更多的小贴画和小零食作为奖励。

10. 1. 13　《麦兜响当当》

·策划人：孟洁

·具体安排：

（1）首先进行点名，到场的小朋友在志愿者的协助下举手示意答到，告诉小朋友开始上课啦。

（2）播放今天要学曲目，一句一句地教小朋友，学到一定程度后可让小朋友和志愿者一起上台领唱一段。

（3）开始教舞蹈，一个动作一个动作地教，再完整播放歌曲，集体跳一两遍。鼓励小朋友和志愿者上台表演，要积极鼓励小朋友！

（4）送上比之前更多的小贴画和小零食作为奖励。

10. 1. 14　《三只小熊》《开心向前飞》

·策划人：施雨萌

·具体安排：

（1）首先欢迎各位小朋友，告诉小朋友们开始上课了。然后开始点名，每点到一位小朋友，就要小朋友举手示意，并让大家鼓掌欢迎。

（2）点完名之后，开始教大家跳热场舞，《三只小熊》以前教过大家，跳过两遍之后，就邀请小朋友两两一组上台表演，并鼓励小朋友积极主动上台。

（3）进行热场舞之后，开始熟悉音乐，和大家一起跟着音乐拍手，还可以一起唱《开心向前飞》。

（4）唱歌之后，开始教小朋友跳舞，依旧是一个动作一个动作地教，一起跳一遍之后，开始让小朋友上台表演，并在其中加入一些小游戏。

（5）等小朋友们都表演完毕之后，再集体跳一至两遍。

10.1.15　《健康歌》

·**策划人**：施雨萌

·**具体安排**：

（1）首先欢迎各位小朋友，告诉小朋友们开始上课了。然后开始点名，每点到一位小朋友，就要小朋友举手示意，并让大家鼓掌欢迎。

（2）进行热场舞之后，开始熟悉音乐，和大家一起跟着音乐拍手，还可以一起唱，《健康歌》。

（3）唱歌之后，开始教小朋友跳舞，依旧是一个动作一个动作地教，一起跳一遍之后，开始让小朋友上台表演，并在其中加入一些小游戏。

（4）等小朋友们都表演完毕之后，再集体跳一至两遍。

10.1.16　《快乐星猫》

·**策划人**：施雨萌

·**具体安排**：

（1）首先欢迎各位小朋友，告诉小朋友们开始上课了。开始点名，每点到一位小朋友，就要小朋友举手示意，并让大家鼓掌欢迎。

（2）进行热场舞之后，开始熟悉音乐，和大家一起跟着音乐拍手，还可以一起唱《快乐星猫》。

（3）唱歌之后，开始教小朋友跳舞，一个动作一个动作地教，一起跳一遍之后，开始让小朋友上台表演并在其中加入一些小游戏。

（4）等小朋友都表演完毕之后，集体跳一至两遍。

10.1.17　《不怕》

·**策划人**：施雨萌

·**具体安排**：

（1）老师向小朋友问好。介绍老师的名字。欢迎小朋友的到来。活跃气氛，让小朋友跟着老师活动起来。

（2）播放歌曲《不怕》。所有志愿者带着小朋友跟着老师学习舞蹈动作和歌词，志愿者带着孩子们一起跳。邀请小朋友上台表演并为小朋友加油。

（3）告诉小朋友要勇敢地面对困难，及时表扬和鼓励小朋友。

10. 1. 18 《宝贝》

· **策划人**：施雨萌

· **具体安排**：

（1）老师向小朋友问好。介绍老师的名字。欢迎小朋友的到来。活跃气氛，让小朋友跟着老师活动起来。

（2）播放歌曲《宝贝》。所有志愿者带着小朋友跟着老师学习舞蹈动作和歌词，志愿者带着孩子们一起跳。

邀请小朋友上台表演并为小朋友加油。

（3）告诉小朋友他们每一个人都是世界上独一无二的小宝贝。

（4）表扬和鼓励小朋友，并奖励小朋友。

10. 1. 19 《虫儿飞》

· **策划人**：吴思浓

· **具体安排**：

（1）老师提前书写歌词。老师作开场介绍（要面带笑容）。

（2）播放《虫儿飞》。老师逐句教学并分步骤教舞蹈，老师整段教学并用舞蹈连接，老师调动全场一起唱跳。

（3）所有志愿者带着小朋友跟着老师学习舞蹈动作和歌词，志愿者带着孩子们一起跳。邀请小朋友上台表演并为小朋友加油。

（4）表扬小朋友，并发放奖励。

10. 1. 20 《泥娃娃》

· **策划人**：吴思浓

· **具体安排**：

（1）老师提前书写歌词。老师作开场介绍（要面带笑容）。

（2）播放《泥娃娃》。老师逐句教学并分步骤教舞蹈，老师整段教学并用舞蹈连接，老师调动全场一起唱跳。

（3）所有志愿者带着小朋友跟着老师学习舞蹈动作和歌词，志愿者带着孩子们一起跳。邀请小朋友上台表演并为小朋友加油。

（4）表扬小朋友，并发放奖励。告诉小朋友要保护好自己的小玩具，它们也是有生命的。

10. 1. 21 《机器猫》

· **策划人**：吴思浓

· **具体安排**：

（1）问好，介绍自己，点名，欢迎小朋友。

（2）聆听歌曲，带动气氛，使气氛活跃起来。

(3) 引入学习歌曲《机器猫》，教歌词和舞蹈。

(4) 请小朋友和志愿者上台表演，表演完进行表扬和奖励。

注：务必让全体志愿者提前听这两首曲目，记住大致歌词。

10.1.22　《小螺号》

· **策划人**：吴思浓

· **具体安排**：

(1) 老师提前书写歌词。老师作开场介绍（要面带笑容）。

(2) 播放《小螺号》。老师逐句教学并分步骤教舞蹈，老师整段教学并用舞蹈连接，老师调动全场一起唱跳。

(3) 所有志愿者带着小朋友跟着老师学习舞蹈动作和歌词，志愿者带着孩子们一起跳。邀请小朋友上台表演并为小朋友加油。

(4) 表扬小朋友，并发放奖励。

10.1.23　《春天在哪里》

· **策划人**：吴思浓

· **具体安排**：

(1) 老师提前书写歌词。老师作开场介绍（要面带笑容）。

(2) 播放《春天在哪里》。老师逐句教学并分步骤教舞蹈，老师整段教学并用舞蹈连接，老师调动全场一起唱跳。

(3) 所有志愿者带着小朋友跟着老师学习舞蹈动作和歌词，志愿者带着孩子们一起跳。邀请小朋友上台表演并为小朋友加油。

(4) 表扬小朋友，并发放奖励。

10.1.24　《采蘑菇的小姑娘》

· **策划人**：吴思浓

· **具体安排**：

(1) 老师提前书写歌词。老师作开场介绍（要面带笑容）。

(2) 播放《采蘑菇的小姑娘》。

老师逐句教学并分步骤教舞蹈，老师整段教学并用舞蹈连接，老师调动全场一起唱跳。

(3) 所有志愿者带着小朋友跟着老师学习舞蹈动作和歌词，志愿者带着孩子们一起跳。邀请小朋友上台表演并为小朋友加油。

(4) 表扬小朋友，并发放奖励。告诉小朋友们，要亲近自然，保护环境。

10.1.25　《小二郎》

· **策划人**：吴思浓

· **具体安排**：

（1）老师提前书写歌词。老师作开场介绍（要面带笑容）。

（2）播放《小二郎》。老师逐句教学并分步骤教舞蹈，老师整段教学并用舞蹈连接，老师调动全场一起唱跳。

（3）所有志愿者带着小朋友跟着老师学习舞蹈动作和歌词，志愿者带着孩子们一起跳。邀请小朋友上台表演并为小朋友加油。

（4）表扬小朋友，并发放奖励。告诉小朋友要好好学习，珍惜现在的美好生活。

10.2　美术课教案

10.2.1　萤火虫与树

·**策划人**：段冰倩

·**课程材料**：卡纸、颜料

·**具体安排**：

（1）将颜料涂在蓝色卡纸上，用纸板左右刮。

（2）将黑色的卡纸撕出树干和树枝，贴在纸上。

（3）用黄色的颜料点点，作品和安排如图10-1、图10-2所示。

图10-1　萤火虫与树

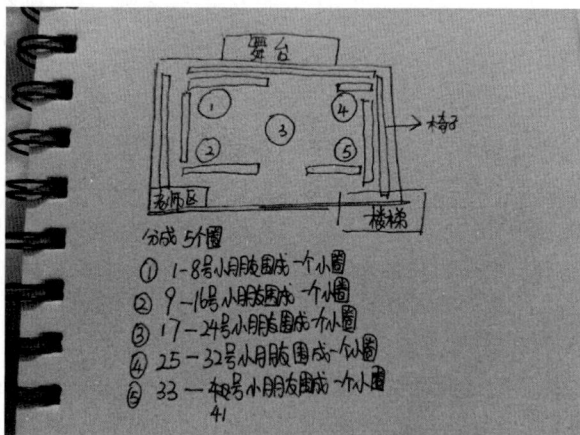

图10-2　美术课和手工课的位置安排

·**注意事项**：

（1）不要将颜料蹭到老师和小朋友身上。

（2）保持秩序，不要让小朋友乱跑。

10.2.2 金秋树叶

· **策划人**：段冰倩
· **课程材料**：纸、树叶、彩笔、蜡笔
· **具体安排**：
（1）将树叶粘在纸上。
（2）用彩笔或蜡笔涂色，作品如图 10-3 所示。
· **注意事项**：
（1）不要让小朋友在身上画，注意卫生。
（2）不要让小朋友把笔塞到嘴里。

图 10-3　金秋树叶

10.2.3 雪花

· **策划人**：段冰倩
· **课程材料**：白色短袖、丙烯颜料、水粉笔
· **具体安排**：
（1）画雪花的主要部分，六根交叉的线。
（2）在主线上画一些细小的线。
（3）在每个主要的线上画一样的线。
（4）在白色短袖上画不同颜色、不同样式的雪花。
· **注意事项**：上课的过程中要和小朋友交流，注意卫生，不要让小朋友把颜料弄到身上。

10.2.4 动物园里有什么

- **策划人**：段冰倩
- **课程材料**：水彩笔、素描纸
- **具体安排**：

（1）用黑色的水彩笔画出小动物的轮廓。

（2）画出小动物的五官。

（3）给小动物的身上涂上不同的颜色。

- **注意事项**：

在画画的过程中，老师向小朋友介绍小动物，并告诉小朋友人类和小动物是很好的朋友。

10.2.5 健康的好处

- **策划人**：段冰倩
- **课程材料**：水彩笔、素描纸
- **具体安排**：

（1）画一个小孩子的形象，告诉小朋友健康的好处。

（2）画出病毒的形状，告诉小朋友为什么会生病，生病的时候会不舒服。

（3）告诉小朋友如何预防生病，要勤洗手，早睡早起等。

10.2.6 幸福一家人

- **策划人**：谌祎漪
- **时间安排**：25min
- **课程材料**：素描纸、彩笔

（1）老师会提前一天将成品图（图10-4）发给志愿者，请大家熟悉作品以便辅导小朋友完成。

图10-4 幸福一家人

（2）用黑色彩笔将轮廓勾出，先画出图图爸爸的上半身，再画出图图的脑袋，画出图图妈妈的上半身，将图图的身体画全，最后画一个红色的大爱心将三人圈住。

（3）作品完成后，邀请小朋友上台展示，并颁发奖品。

10.2.7　郊游

· **策划人**：羿婉
· **时间安排**：25min
· **课程材料**：纸、彩笔
· **具体安排**：

用彩笔画出郊游路上小朋友的外形轮廓，请小朋友上台展示，颁发小奖品。

10.2.8　交通标志

· **策划人**：段冰倩
· **时间安排**：25min
· **课程材料**：素描纸、彩笔
· **具体安排**：

（1）老师会提前一天将成品图（图 10-5）发给志愿者，请志愿者熟悉作品以便辅导小朋友完成。

（2）先用黑色的笔勾出标志的圆形轮廓，依次在圆内画出具体标志。

（3）再给标志涂上自己喜欢的颜色。

（4）每个标志完成后要教小朋友认识其意思。

（5）作品完成后，邀请小朋友上台展示，并颁发奖品。

向左转弯　　非机动车行驶　　步行　　鸣喇叭

靠左侧道路行驶　　向右转弯　　直行和向左转弯

图 10-5　交通标志

10.2.9　运动小健将

· **策划人**：谌祎漪

· **时间安排**：20~25min

· **课程材料**：素描纸、黑笔

（1）老师会提前一天将成品图（图10-6）发给志愿者们，请大家熟悉作品以便辅导小朋友完成。

（2）依次画出各个运动项目的简笔画。

（3）作品完成后，邀请小朋友上台展示，并颁发奖品。

田径 Athletics	射箭 Archery	跆拳道 Taekwondo
乒乓球 Table Tennis	体操 Artistic Gymnastics	足球 Football
举重 Weightlifting	曲棍球 Hockey	排球 Volleyball
	击剑 Fencing	

图 10-6　运动小健将

10. 2. 10　圣诞老人

· **策划人**：胡仁发

· **时间安排**：25min

· **课程材料**：素描纸、黑色彩笔、红色彩笔、黄色彩笔

·具体安排：

（1）老师会提前一天将成品图（图 10-7）发给志愿者们，请大家熟悉作品以便辅导小朋友们完成。

（2）先用黑色的笔勾出轮廓，依次画出圣诞老人和礼物袋。

（3）再给帽子、鼻子、衣服涂上红色。

（4）给礼物袋涂上黄色。

（5）作品完成后，邀请小朋友上台展示，并颁发奖品。

图 10-7　圣诞老人

10.2.11　寓言故事

- **策划人：**刘紫婷、陈冲
- **时间安排：**20~25min
- **课程材料：**一张写有龟和兔的简笔画（或象形字）和汉字的纸、一张简单的涂色龟兔赛跑的画纸、一张涂色的龟兔赛跑的画纸、三张龟兔赛跑的灰色线稿
- **具体安排：**将简单的寓言故事与画画、写字相结合，丰富课堂的教学。其实绘画课的最终目的不是获得一张中规中矩的作品，而是让小朋友享受绘画的过程。

（1）志愿者实行分工制，一位负责画，一位负责写字，一位负责授课，一位负责讲解、评价和奖励。

（2）在课堂开始时，通过常规的开场白进入学习主题。首先是写字课教学，通过带领小朋友对字形简笔画（或古字）进行分析，将汉字简单化，并进入汉字书写的学习。

（3）由汉字书写的学习转向图画的学习，负责讲解的志愿者将灰色线稿分发给学习能力比较差的孩子，准备工作做好后进入绘画课的学习。负责教志愿者用故事带入画画课的学习，边教学边讲故事，期间可以请小朋友回答问题。

10.2.12　"买"与"卖"

- **策划人：**刘紫婷、陈冲
- **时间安排：**25min
- **课程材料：**一元、五元、十元、二十元、五十元和一百元的钱币图画各一张（A4

纸大小）、一幅关于买卖的简笔画、一幅食物的图片、一张写着"买"字的纸、一张写着"卖"字的纸。

· **具体安排**：培养小朋友对金钱的概念，运用绘画和写字教会小朋友享受买卖东西的乐趣。

（1）首先情景式入场，请各志愿者开始与小朋友谈论关于买卖的问题，如"你自己一个人去买过东西吗？""你都买了些什么呀""你花了多少钱啊？"等等。

（2）主老师和副老师开始模拟买卖环境，最后留下疑问，如"所以我一共花费了多少钱呢？"，并带入主题。

（3）写字：学习"买""卖"两个字的写法，讲解含义以及两个字的关系。

（4）绘画：这次绘画比较简单可以来和老师一起画给出的范例也可以自己在志愿者的帮助下进行买卖的创作，比如画自己喜欢的货架或者钱币等。

（5）将本节课的道具纸钱币赠送给今天课堂表现好的小朋友。

10.2.13 去远方看看

· **策划人**：刘紫婷、陈冲

· **时间安排**：20min

· **课程材料**：一幅公交车的画和公交车刷卡器（特写）的图，一幅出租车和出租车司机的画（主要选用武汉的出租车图片），一张公交卡、两块钱。

· **具体安排**：让小朋友有一个出行坐哪些交通工具的基本概念，认识交通工具并学会绘画，最好学会如何乘坐交通工具。

（1）询问小朋友们如果想去游乐园会选择用什么交通方式。

（2）主讲老师开始讲解今天要画的内容，辅助老师向小朋友讲解公交车出行的注意事项并和小朋友互动，询问有哪些小朋友知道如何使用公交卡。

（3）画出租车。

（4）教小朋友如何与出租车司机交流，包括乘车礼仪和说明目的地和支付费用。

· **注意事项**：

（1）着重做好外出交通安全知识教育。

（2）简单介绍公交车的运营路线。

10.2.14 认识我自己

· **策划人**：刘紫婷、陈冲

· **时间安排**：25min

· **课程材料**：白纸、黑笔

· **具体安排**：加强对自己的认知、对自己五官、身体及器官的了解。

（1）老师指着自己的身体部位向小朋友介绍各个器官。

（2）着重认识自己的五官。

（3）教授眼睛、鼻子、耳朵的简笔画画法（图10-8）。

（4）把绘画作品赠送给小朋友，并予以奖励。

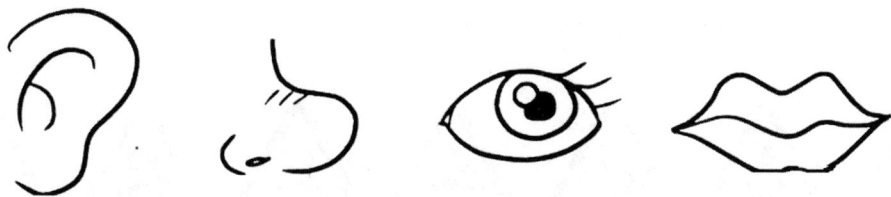

图 10-8 五官简笔画

· **注意事项：**

（1）时刻注意小朋友动作幅度不要太大，保证安全。

（2）着重说明身体器官的重要性。

10.2.15 想象大世界

· **策划人：**刘紫婷、陈冲

· **时间安排：**15min

· **课程材料：**1 个圆形、1 个三角形、1 个轮胎、1 盒饼干、1 个哆啦 A 梦（玩具）、1 座金字塔（玩具）、画纸若干

· **具体安排：**

（1）认识几何形状。

（2）通过几何形状说出一些关联事物。

（3）询问小朋友喜欢哪种形状。

（4）老师通过小朋友喜欢的形状，画出类似形状的事物。

（5）志愿者辅导小朋友模仿老师的作品画出属于自己的作品。

· **注意事项：**

（1）注意将一些尖锐的材料放在远离小朋友的地方。

（2）对小朋友讲明白这些事物与几何形状的关系。

10.2.16 安全标志有哪些

· **策划人：**刘紫婷、陈冲

· **时间安排：**25min

· **活动目的：**告诉小朋友言简意赅的标志不仅蕴藏着设计理念，也对生活便利有重要意义。

· **课程材料：**1 个安全出口的标志、1 个小心地滑的标志、1 个请勿乱扔垃圾的标志、画纸若干、画笔若干。

· **具体安排：**

（1）向小朋友问好，点名。

（2）复习上节课对形状的认知。

（3）由老师对图标含义一一进行仔细介绍（图 10-9）。

（4）点名询问小朋友是否已经理解标志的含义。

（5）在老师的带领下，仔细画出标志中的图形。

图 10-9　安全标志

10.2.17　健康生活

·**策划人：**刘紫婷、陈冲

·**时间安排：**20min

·**课程材料：**水果（各个品种）若干、蔬菜（各个品种）若干、画纸若干、画笔若干

·**具体安排：**

（1）向小朋友问好。

（2）拿起各种食物，并介绍它们。

（3）对答对的小朋友进行奖励。

（4）选出自己喜欢的食物，并跟着老师画出它们的形状（图 10-10）。

（5）对自己的作品进行上色。

·**注意事项：**看护好小朋友，不要乱食材料。

图 10-10 作品上色

10.2.18 看我百变小星君

· **策划人**：刘紫婷、陈冲

· **时间安排**：25min

· **课程材料**：原图光头小人（无色）、涂色光头小人、画纸若干

· **具体安排**：

（1）将 16 开范画用透明胶贴在墙上，以便小朋友观察和跟着画。

（2）志愿者引导小朋友在光头图片上画出发型（图 10-11）。

（3）跟着老师画出一个标准的发型。

（4）对自己的作品进行上色。

图 10-11 看我百变小星君

10.2.19　做有礼貌的好孩子

· **策划人**：刘紫婷、陈冲

· **时间安排**：25min

· **课程材料**：礼貌语1篇，笑脸、哭脸的图片各1张（图10-12）、画笔若干、画纸若干

· **具体安排**：

（1）向小朋友问好，并对今天的内容做大致介绍。

（2）带领小朋友每人画出笑脸、哭脸各一幅。

（3）将礼貌语一遍一遍地教授给小朋友，小朋友跟着老师读。

（4）采用问答模式，老师根据场景问问题，若回答对举笑脸，若不对举哭脸。

（5）对答对的小朋友发放奖励，以示鼓励。

图 10-12　笑脸和哭脸

10.2.20　交通安全你我他

· **策划人**：肖晓阳、张穗子

· **时间安排**：20min

· **课程材料**：白纸若干、画笔若干、剪成各种三角及圆形的白纸、彩笔若干

· **具体安排**：

（1）先是在纸上画出交通标志（图10-13），简洁明了地让小朋友知道其含义。

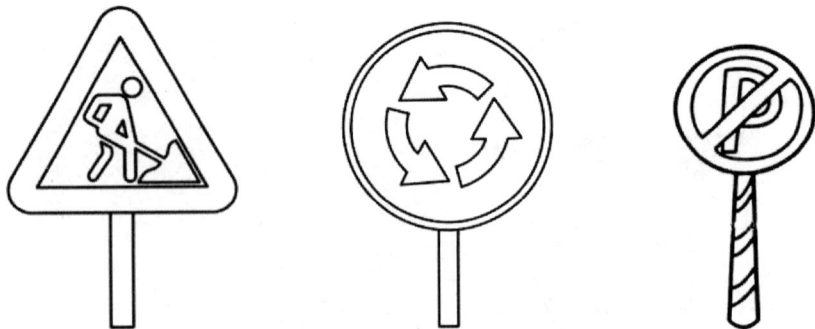

图 10-13　交通安全标志

（2）给画面着色。

（3）帮助小朋友认识、理解这些标志的含义。

10.2.21　小汽车滴滴滴

- **策划人**：肖晓阳、张穗子
- **时间安排**：25min
- **课程材料**：画笔、画纸、彩笔若干
- **具体安排**：

（1）向小朋友问好，点名。

（2）老师画好一张张交通工具成品图贴在黑板上，并带领小朋友一步一步地画各种交通工具。

（3）画完后要认识它们，采用答题模式，答对的小朋友有小奖品。

10.2.22　小花小树小天地

- **策划人**：肖晓阳、张穗子
- **时间安排**：25min
- **课程材料**：画笔、画纸、彩笔若干
- **具体安排**：

（1）向小朋友问好，并简单介绍自己。

（2）带领小朋友画好作品。

10.3　手工课教案

10.3.1　小绵羊

- **策划人**：朱小雪
- **课程材料**：表 10-1

表 10-1　课程材料

名称	医用棉球	竹夹子	黑色黏土	灰色黏土	白色黏土	剪刀	胶水	纸杯	牙签
数量	6 包	120 个	1 盒	1 盒	1 袋	8 把	8 盒	30 个	1 盒

- **制作过程**：

（1）准备四个竹夹子，用黑色彩笔分别将竹夹子下面涂黑（前后都要涂）（图 10-14）。

（2）涂完后如图 10-15 所示。

（3）将涂好的夹子夹在纸杯杯口上（图 10-16）。

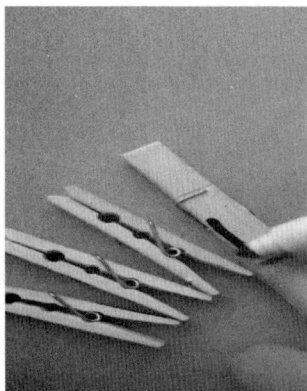

图 10-14　小绵羊制作流程 1　　图 10-15　小绵羊制作流程 2　　图 10-16　小绵羊制作流程 3

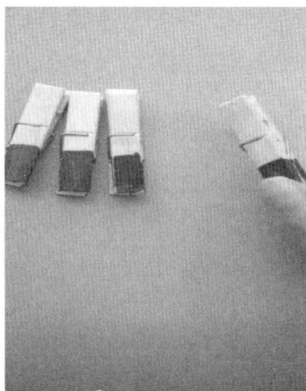

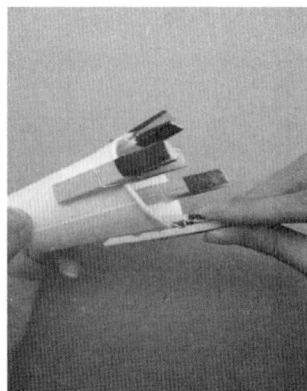

（4）在纸杯表面涂上胶水，将脱脂棉球粘在杯子上（图 10-17），粘好后，如图 10-18 所示。

（5）用黏土和棉花制作出一个小羊头，并插入牙签（图 10-19）。

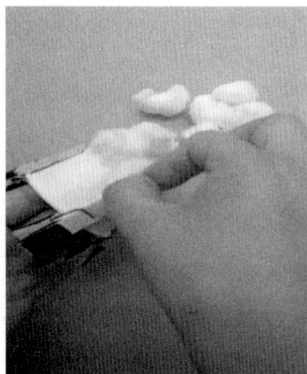

图 10-17　小绵羊制作流程 4　　图 10-18　小绵羊制作流程 5　　图 10-19　小绵羊制作流程 6

（6）将头部插入做好的羊头中，手工小绵羊就做好啦（图 10-20）。

图 10-20　小绵羊制作流程 7

（7）成品如图 10-21 所示。

· 具体安排：

（1）由老师分发材料。

（2）讲解手工课主题，并将展示品粘贴在黑板上。

（3）主讲老师开始讲课，其余手工课老师辅助主讲老师进行手工制作。

（4）作品完成后，所有小朋友在讲台前共同进行作品展示，其余老师注意安排展示次序，小朋友及志愿者与其作品进行合影留念，老师将小贴画作为奖励分发给小朋友，并将小朋友的作品展示后收集起来。

（5）手工课结束后，所有手工课老师及志愿者整理场地，收拾材料，为后面的课程做好准备。

图 10-21　手工小绵羊

10.3.2　满天星

· 策划人：朱小雪

· 课程材料：渐变色皱纹纸 10 张（不同颜色）、细绳子（600 根）或毛线 5 卷、报纸 5 张。

· 制作过程：

（1）准备渐变色皱纹纸（图 10-22）。

（2）折成如图 10-23 所示的样子并且用细铁丝捆起来（要折很多个这个样子的小小的单个花束）。

（3）最后用报纸将制作的满天星包起来稍加装饰即可（图 10-24）。

（4）成品如图 10-25 所示。

图 10-22　满天星制作流程 1

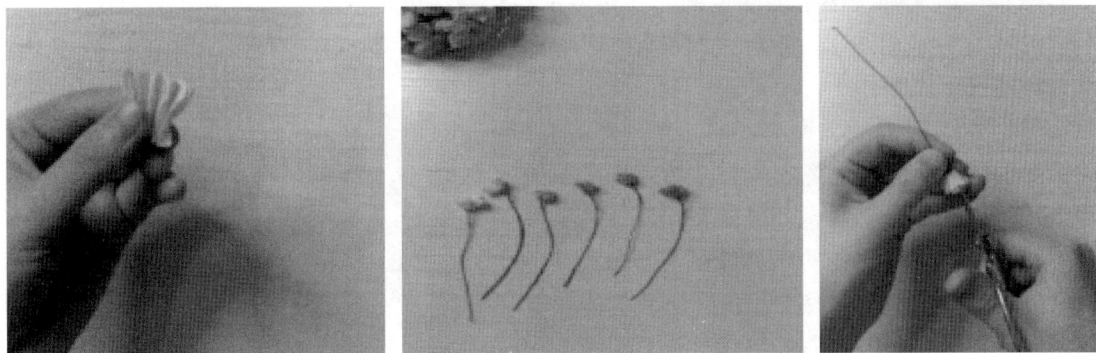

图 10-23　满天星制作流程 2

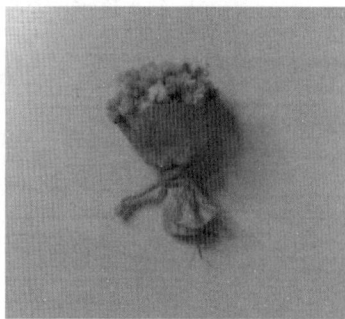

图 10-24 满天星制作流程 3

图 10-25 满天星

10.3.3 南瓜灯

· 策划人：朱小雪

· 具体安排：

（1）由老师分发材料。

（2）主讲老师板书主题，展示成品。

（3）主讲老师开始讲课，其余手工课老师辅导主讲老师进行手工制作。

（4）完成制作后，小朋友展示作品，合照留念，收集作品。

（5）结束后整理场地，收拾材料。

（6）成品如图 10-26 所示。

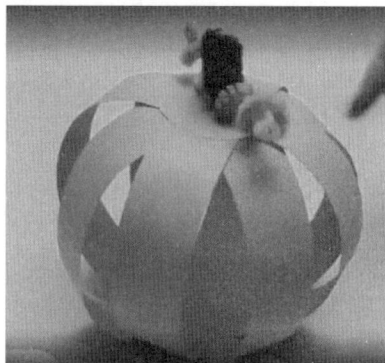

图 10-26 南瓜灯

10.3.4 手工折纸

· 策划人：朱小雪

· 具体安排：

（1）各位老师开始分发材料。

（2）主讲老师板书手工课主题，并将展示品粘贴在黑板上。

（3）主讲老师开始讲课，其余手工课老师辅助主讲老师进行手工制作。

（4）作品完成后，所有小朋友在讲台前共同进行作品展示，其余老师注意安排展示次序，小朋友及志愿者与其作品进行合影留念，老师将小贴画作为奖励分发给小朋友，并将小朋友的作品展示后收集起来。

（5）手工课结束后，所有手工课老师及志愿者整理场地，收拾材料，为后面的课程做好准备。

（6）成品如图 10-27 所示。

图 10-27 手工折纸

10.3.5　黏土乐园

· 策划人：朱小雪

· 具体安排：

（1）各位老师开始分发材料。

（2）主讲老师板书手工课主题，并将展示品粘贴在黑板上。

（3）主讲老师开始讲课，其余手工课老师辅助主讲老师进行手工制作。

（4）作品完成后，所有小朋友在讲台前共同进行作品展示，其余老师注意安排展示次序，小朋友及志愿者与其作品进行合影留念，老师将小贴画作为奖励分发给小朋友，并将小朋友的作品展示后收集起来。

（5）手工课结束后，所有手工课老师及志愿者整理场地，收拾材料，为后面的课程做好准备。

（6）成品如图 10-28 所示。

图 10-28　黏土乐园

10.3.6　蔬菜黏土

· 策划人：张凯琳、包睿

· 具体安排：

（1）由老师分发材料。

（2）主讲老师板书主题，展示成品。

（3）主讲老师开始讲课，其余手工课老师辅导主讲老师进行手工制作。

（4）完成制作后，小朋友展示作品，合照留念，收集作品。

（5）结束后整理场地，收拾材料。

（6）成品如图 10-29 所示。

10.3.7　赠人玫瑰

· 策划人：彭懿、柯浩泽

· 课程材料：表 10-2

图 10-29　蔬菜黏土

表 10-2　课程材料

名称	红色黏土	黄色黏土	绿色黏土	筷子	胶水	闪光粉	小贴画
数量	30 份	30 份	30 份	30 支	10 个	30 份	两张

· 制作过程：

（1）先把红色黏土压平，注意厚度要适中，然后用工具印出几个圆形（图 10-30）。

（2）把圆形周围用手捏一下，捏出玫瑰花瓣的立体造型（图10-31）。

（3）再用黄色黏土捏一个细长的条作为花蕊（图10-32）。

（4）用花瓣包住花蕊，一片一片地包裹起来，注意适当调整花瓣的形状和位置（图10-33）。

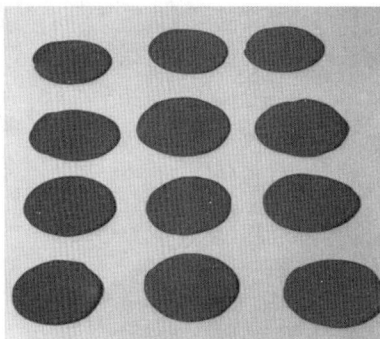

图10-30　玫瑰制作过程1

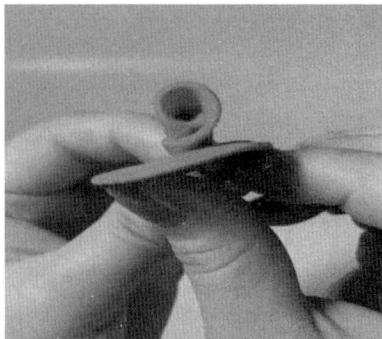

图10-31　玫瑰制作过程2

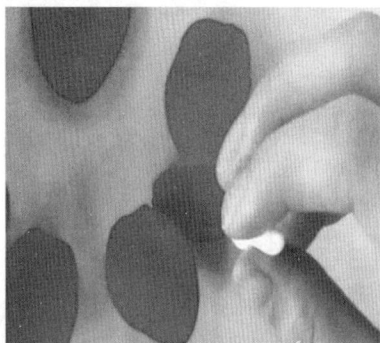

图10-32　玫瑰制作过程3

图10-33　玫瑰制作过程4

（5）把胶水均匀地涂在花朵上（图10-34）。

（6）沾上闪光粉（图10-35）。

图10-34　玫瑰制作过程5

图10-35　玫瑰制作过程6

（7）最后在花的底部插入一根筷子，黏上绿叶，简单好看的黏土玫瑰花就捏好了。

（8）成品如图 10-36 所示。

·具体安排：

（1）由老师分发材料。

（2）主讲老师板书主题，展示成品。

（3）主讲老师开始讲课，其余手工课老师辅导主讲老师进行手工制作。

（4）完成制作后，小朋友展示作品，合照留念，收集作品。

（5）结束后整理场地，收拾材料。

10.3.8　急救小卫士

·策划人：张凯琳

·课程材料：表 10-3

图 10-36　玫瑰花

表 10-3　课程材料

名称	一次性纸盘	剪刀	彩笔	红色卡纸	双面胶	黑色卡纸
数量	15 个	6 把	20 支	15 张	3 卷	10 张

·制作过程：

（1）先剪出急救标志中的数字和图案（图 10-37）。

（2）剪出与一次性纸盘相符合的红色圆边（图 10-38）。

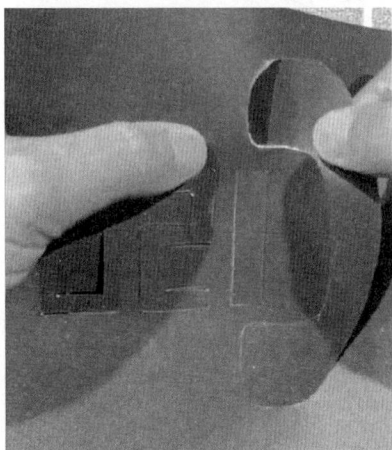

图 10-37　急救标志制作过程 1

图 10-38　急救标志制作过程 2

（3）用胶水将圆边粘贴在一次性纸盘周围（图 10-39）。

（4）将第一步做好的急救标志图案粘贴在一次性纸盘上（图 10-40）。

图 10-39　急救标志制作过程 3　　　　图 10-40　急救标志制作过程 4

（5）成品如图 10-41 所示。

图 10-41　急救标志

·**具体安排：**

（1）由老师分发材料。

（2）主讲老师板书主题，展示成品。

（3）主讲老师开始讲课，其余手工课老师辅导主讲老师进行手工制作。

（4）完成制作后，小朋友展示作品，合照留念，收集作品。

（5）结束后整理场地，收拾材料。

10.3.9　运动小健将

·**策划人：**彭懿

·**课程材料：**表 10-4

表 10-4　课程材料

名称	黑色黏土	白色黏土	橙色黏土	小贴画
数量	适量	适量	适量	两张

·制作过程：

（1）用黑色和白色黏土分别捏出适量的白色球和黑色球（图 10-42）。

（2）将黑色和白色小球依次粘在大的白球上（图 10-43）。

图 10-42 制作过程（足球）1

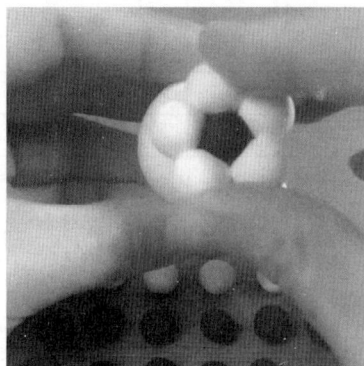

图 10-43 制作过程（足球）2

（3）足球就捏好了（图 10-44），让我们一起做运动小健将吧！

（4）取出橙色黏土揉成圆球，并沿着球的表面压出篮球的边（图 10-45）。

（5）最后将黑色黏土均匀填充凹槽，篮球就做好了（图 10-46）。

图 10-44 足球成品图

图 10-45 制作过程（篮球）

图 10-46 篮球成品图

·具体安排：

（1）由老师分发材料。

（2）主讲老师板书主题，展示成品。

（3）主讲老师开始讲课，其余手工课老师辅导主讲老师进行手工制作。

（4）完成制作后，小朋友展示作品，合照留念，收集作品。

（5）结束后整理场地，收拾材料。

10.3.10 圣诞小麋鹿

· **策划人**：朱小雪
· **课程材料**：表 10-5

表 10-5　活动准备材料

名称	红色黏土	棕色黏土	黑色黏土	白色黏土	小贴画
数量	40 份	40 份	40 份	40 份	两张

· **制作过程**：

（1）先捏出一个棕色球和一个红色球，并黏在一起（图 10-47）。

图 10-47　圣诞小麋鹿制作过程 1

（2）用白色黏土捏出长条，围在红色和棕色黏土球之间（图 10-48）。

图 10-48　圣诞小麋鹿制作过程 2

（3）用黑色黏土捏出麋鹿的两个角，然后黏上去（图 10-49）。

图 10-49　圣诞小麋鹿制作过程 3

（4）最后黏上黑色眼睛和红色圆鼻子，漂亮的圣诞小麋鹿就做好了（图 10-50）。

图 10-50　圣诞小麋鹿制作过程 4

（5）成品如图 10-51 所示。

· **具体安排：**

（1）由老师分发材料。

（2）主讲老师板书主题，展示成品。

（3）主讲老师开始讲课，其余手工课老师辅导主讲老师进行手工制作。

（4）完成制作后，小朋友展示作品，合照留念，收集作品。

（5）结束后整理场地，收拾材料。

图 10-51　圣诞小麋鹿

10.3.11　纸杯做花灯

· **策划人：**李建鑫、田思凤、刘凤娇

· **课程材料：**纸杯（最好是较硬）若干（保证一个小朋友分到 2 个）、红细绳、双面胶或者固体胶、剪刀、丝带、筷子（当手提杆）

· **具体安排：**

老师引导：小朋友们，刚刚大家度过了元宵节，在我国元宵节的传统有放花灯，那么今天的主要活动就是制作花灯。简述如今环保的重要性，提高小朋友们的环保意识，引入制作材料一次性纸杯，将纸杯废物利用做成小花灯。

· **制作过程：**

（1）取一个纸杯，把杯嘴剪掉一小部分。

（2）用剪刀把杯壁往下剪，不要全剪断，留下杯底。

（3）把剪成的纸条头部剪成类似三角形的形状。

（4）把纸杯往下压。

（5）再用手把每个纸条稍微往内卷。

（6）每个卷完后，可以呈现出一个莲花的形状。

（7）接着取另一个纸杯，把杯底剪下来。贴上双面胶。

（8）然后把另一个杯子的纸条粘到贴上双面胶的杯底上。

（9）全部粘完后呈一个鼓状。

（10）接着在那个剪掉杯底的杯子上剪掉一张纸条。

（11）在刚才贴满纸条上贴上双面胶。

（12）再把刚剪下来的纸条贴到双面胶处，使其更美观。

（13）整个灯笼就几乎成型了，然后把整个灯笼稍微往下压，使灯笼的形状更突出。

（14）接着用几条线整在一起，打个结，塞进灯笼顶部的洞里。

（15）再用几条线，在中间打个结。

（16）把做好的线条塞进灯笼的底部，做成灯笼的灯须．这样纸灯笼就完成了。

·**注意事项**：制作过程中用到剪刀等，需要志愿者辅助，小心小朋友们误伤自己。细节处需要耐心，志愿者要关注小朋友们的反应，多多鼓励。

（17）制作完成鼓励小朋友们上台展示，并奖励。

（18）时间若有多余，可以在展示完毕后与小朋友们玩猜灯谜的小游戏，灯谜也是元宵的一大特色。

（19）灯谜（猜动物）可以采用竞赛的形式：

①一心想拍彩色照，黑黑眼圈是国宝——熊猫。

②空中霸王——老鹰。

③肥头大耳——猪。

④身子很灵巧，身穿大灰袄。尾巴像个降落伞，跳跃林中寻坚果——松鼠。

⑤红眼睛，白皮袄，爱吃萝卜和青菜（小白加小白等于什么，小白 two）——兔。

⑥出身花果山，尖嘴猴腮——猴子。

⑦胡子蓬蓬松，样子真威风。张嘴一声吼，百兽抖啊抖——丛林之王狮子。

猜灯谜较积极即便答错的小朋友也要鼓励他们。

10.3.12　多变的雪花

·**策划人**：李建鑫、田思凤、刘凤娇

·**课程材料**：橡皮泥、金色或者银色的亮片、不同的多个雪花形状模具

玩法：让小朋友将橡皮泥揉捏至一定的软度，再将金色或者银色的亮片与橡皮泥融合到一起。拿出不同形状的雪花，让宝宝利用模具制作出不同形状的雪花。可以利用这个机会告诉小朋友雪花都是六边形的，每个雪花都是不同形状的六边形。

目的：借此机会介绍对称性。同时满足那些喜欢压扁、拉揉等特殊行为的自闭症儿童。

10.4　活动课教案

10.4.1　一起来做运动呀

·**策划人**：霍钰云

10.4.1.1　热身操

歌曲《健身歌》，跟着音乐做动作，老师领操。

10.4.1.2　彩虹伞

（1）大伞转转，跟着歌曲《拉个圈圈走走》，小朋友和志愿者拉着大伞的边缘轻轻抬起，顺时针转或逆时针转，听老师指令指到相对应的颜色。

（2）小朋友多时注意不要抬得过高，防止小朋友翻倒。

志愿者一定要注意小朋友们的安全，反应要快！

一轮结束时，带小朋友的志愿者负责接应自己所负责的小朋友，维持秩序。

10.4.1.3　独木桥

（1）志愿者配合小朋友过独木桥，辅助小朋友保持在独木桥上行走。尽量让小朋友独立完成。

（2）独木桥的终点处有一个支柱，志愿者需要为小朋友递一个呼啦圈，并且辅助他们用呼啦圈套住支柱。

（3）完成游戏之后要进行适当的鼓励，注意安全！

10.4.1.4　两人三足

（1）老师向小朋友提问：两个人有几只脚，怎样才能变成三只脚呢？接着利用道具为他们展示如何变成三只脚（一个志愿者和一个小朋友为一组，另一个志愿者在一旁辅助观察）。

（2）志愿者引导小朋友了解游戏规则然后和小朋友一起进行两人三足游戏。

（3）游戏后鼓励或夸赞小朋友。

·注意事项：

（1）两个志愿者带一个小朋友，其他志愿者要配合老师活跃气氛并且维持秩序，直至活动结束将小朋友安全送至家长手中。

（2）此次活动课分为几个小部分，各部分同时进行（除第一个以外），在小朋友完成所有活动课内容之后，志愿者可以把小朋友带至休息区或再玩一次，但一定要时刻关注老师的指示。

（3）上课时志愿者尽量减少与小朋友的语言交流，听老师指令。

（4）第一个活动大家一起参加，然后再同时进行另外三个小活动。

10.4.2　不给糖，就捣蛋

·策划人：胡凡

10.4.2.1　热场舞——"我是一颗跳跳糖"

活动课开始，志愿者需要带着小朋友安静地坐到位置上，每个带小朋友的志愿者都会分配一双沙锤（后面有用），然后准备开始这次活动的第一个内容：热场舞"我是一颗跳跳糖"。这个环节和音乐课大同小异，由老师在舞台上跳一遍，然后志愿者带着小朋友在座位上拿出之前分发的沙锤进行节奏律动（打 CALL），这期间很需要小朋友们的配合，尽量不要做其他的事情。最后志愿者带着小朋友起身跟着老师一起表演一遍（带小朋友的志愿者和小朋友不要拿沙锤），不带小朋友的志愿者拿着沙锤继续打 CALL，跳完之后第一个环节结束了，所有人都回到自己的位置上准备下一个环节。

10.4.2.2　万圣节小游戏

开场词：万圣节就要到了，我们的蝙蝠小 Q、南瓜小 J、骷髅小 K 又跑不见了，大家可以在玩偶堆里找到他们吗？听说找到就有糖果哦。

游戏开始，老师介绍前情概要并且向大家展示蝙蝠小Q、南瓜小J、骷髅小K，然后将它们混入玩偶堆，接着老师会点小朋友上来进行小游戏（优先自愿）。需要志愿者带着小朋友在桌子上的玩偶堆中找出南瓜、蝙蝠、墓碑骷髅（尽量让小朋友自主寻找）。如果小朋友实在找不到，志愿者要进行引导，比如，告诉他目标的颜色或者大致方位。找全三个玩偶之后老师会给出奖励。

还没轮到游戏的小朋友以及完成游戏的小朋友可以在志愿者的看护下进行沙盘游戏。

10.4.3 兔子兔子乖乖

· **策划人**：胡凡

· **活动道具**：沙锤、响板、小音箱、水果玩具若干、图片、小贴纸。

10.4.3.1 音乐律动

志愿者和小朋友拿沙锤或快板，跟着音乐打节拍。

10.4.3.2 物归原位

志愿者和小朋友看图识物，然后配对，例如：垃圾桶—垃圾（图10-52）。

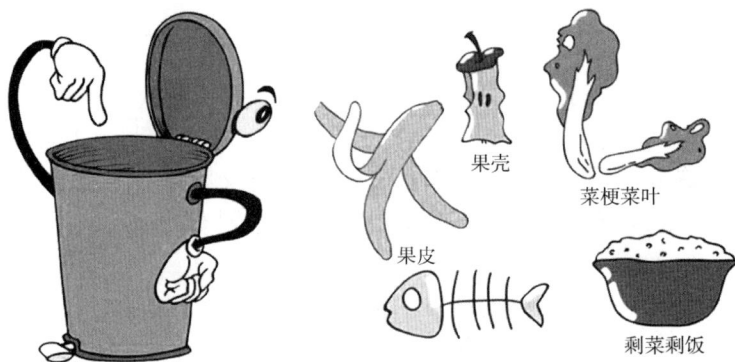

果壳

菜梗菜叶

果皮

剩菜剩饭

图10-52 垃圾桶—垃圾

10.4.4 数字小游戏

· **策划人**：向炫、蔡亚蒙、姜玉昕

· **活动过程**：由老师发令，当老师念到2~8的数字时，小朋友要自己寻找相应的人数聚在一起，根据老师的指令改变人数，游戏结束后给小朋友鼓励并奖励贴纸。

· **注意事项**：

（1）志愿者要全程辅助小朋友，当小朋友没有主动参与的时候要引导小朋友。

（2）当老师念数后有落单的小朋友，志愿者要主动帮助小朋友去凑数。

（3）志愿者在辅助小朋友的同时要告诉小朋友现在是几个人，积极给予引导。

（4）注意小朋友的动作和情绪，不要让他们摔倒或受伤。

活动时长：5~8min。

10.4.5　我是交通小警察

· **策划人**：姜玉昕

· **活动道具**：红绿灯、斑马线图片

10.4.5.1　红绿灯游戏

老师带领小朋友一边唱儿歌，一边做动作。红灯停，绿灯行，黄灯亮了要小心。

10.4.5.2　引入主题

（1）"小朋友们知道怎样过马路吗？过马路时应该注意些什么？"（与小朋友讨论），教师总结：在马路上我们要右侧通行，跟大人一起时要让大人握着手走，不能乱跑。当我们要过马路时，一定要左右看看，没有车辆经过时我们才能通过马路。

（2）出示图片，引导小朋友认识红、绿灯，斑马线。

（3）讲解交通规则。

（4）引导小朋友跟教师学说儿歌"人行道上右侧行，红灯（老师说）停（小朋友说）（出示图片红灯），绿灯行（出示图片绿灯），过马路要走斑马线。"

10.4.5.3　游戏《过马路》

带领小朋友一边走一边根据场景提问，巩固对交通规则的认识。

场景一：

人行道和车行道：前面有两种道路，行人应该走哪一种路？（答：人行道。）老师提问：行人应该注意什么？（答：靠右边走，不能边走边玩，特别是不能到车行道上玩。）

场景二：

十字路口：要过马路了，要过马路了，我们应该怎么走？（答：找到斑马线，看清红绿灯，红灯停，绿灯行。）

10.4.6　身体要变得强壮

· **策划人**：王佳

· **活动过程**：

（1）热身操：《健康歌》，预估时长：10～15min。

（2）小游戏：球球快跑，时长：15～20min。

游戏规则：志愿者与小朋友两两一组，合作用身体将球运至指定位置。

· **注意事项**：

（1）小游戏时将参与人数分为两组。

（2）志愿者灵活配合老师进行游戏。

（3）志愿者需辅助小朋友完成游戏。

10.4.7　装饰圣诞老人

· **策划人**：王佳、赵爽

· **活动道具：**

圣诞衣、圣诞帽、卡纸制作的圣诞胡子，红色卡纸制作圣诞鼻子。

游戏前准备：将白色假发、白胡子贴、红鼻子、圣诞帽等道具发给小朋友，每位小朋友拿一个装饰。

（1）老师组织小朋友围成圆圈，一位老师为圣诞老人（穿着圣诞老人的衣服）。

（2）情景建设：小朋友们，你们知道圣诞爷爷长什么样子吗，是不是戴着圣诞帽，有着白色的头发啊……但是这位圣诞哥哥还不太像圣诞老人，现在我们一起来给他装扮一下吧。

（3）志愿者引导小朋友依次上去给圣诞老人装饰。

· **注意事项：** 需分组进行游戏，每组参与小朋友控制在 5~7 个。

10.4.8 吹泡泡

· **策划人：** 李建鑫、田思凤、刘凤娇

· **活动过程：** 小朋友拉成一个圆圈。随着志愿者边说边做动作："吹泡泡，吹泡泡，吹成一个大泡泡。"小朋友手拉手转圈。"泡泡变大了；泡泡变小了。"泡泡变大时，小朋友向外把圆圈变大；变小的时候，小朋友聚在中间。"泡泡飞高了，泡泡飞低了。"泡泡飞高的时候，小朋友将手举起来；低的时候，小朋友蹲下。"砰！泡泡破了。"小朋友松开拉着的手，跳起来。

· **注意事项：**

（1）尽量让小朋友自己手拉手，以给孩子提供互动的机会。为了防止孩子跑开，志愿者可以在后面辅助。

（2）志愿者在组织过程中借助能力好的小朋友带动能力弱的小朋友。

（3）小朋友不能做出正确反应的时候，志愿者不要急于辅助，要引导小朋友模仿别人的行为。

（4）待小朋友们熟悉了以后，可以让语言好一些的小朋友喊口号，带领大家做游戏。

10.4.9 踩尾巴

· **策划人：** 李建鑫、田思凤、刘凤娇

· **活动过程：** 准备纸条若干，将纸条的三分之一塞进裤腰里，其余部分拖在外面当尾巴。两人一组，一个儿童当踩尾巴的人，另一个在场地上跑着躲避，不让对方踩到自己的尾巴。

· **注意事项：**

（1）孤独症儿童往往会无目的地乱跑，因此志愿者要注意引导小朋友关注对方。

（2）开始时，志愿者可以将小朋友的角色固定下来，待小朋友掌握以后再换过来。对于能力弱的孩子，志愿者可以安排家长和小朋友一组，待熟悉后，再安排小朋友之间的互动；在小朋友互动时，能力稍强的宜扮演"长尾巴的"，能力差异不要过于悬殊。

（3）为发展互动可以适当允许孩子之间的碰撞，志愿者不要太理会"谁吃亏、谁占便宜"的问题，等待孤独症儿童自己的反应。

10.4.10　小树苗快快长、隔人找人

·**策划人**：李建鑫、田思凤、刘凤娇

玩法：小朋友分别拿着太阳和水珠的图片，站在起点线上，志愿者戴着树苗头饰蹲在终点线上。游戏开始，幼儿读"我是水珠和太阳，能帮树苗快快长"之后向前跑，跑过场地的中间的曲线，到达终点后把树苗后面的卡片举起，志愿者马上站立表示树苗长大了，速度最快者获胜。

10.4.11　去你家玩好吗

·**策划人**：李建鑫、田思凤、刘凤娇

·**活动过程**：将小朋友分成甲、乙两组，面对面站好。每组的小朋友手拉手，甲组的说："我们邀请一个人呀！"边说边向前走，乙组的小朋友向后退。乙组的说："你们邀请什么人呀？"边说边向前走，甲组的小朋友向后退。甲组的说："我们邀请某某呀！"（叫一个人小朋友的名字或说出小朋友的特征），被叫到名字的小朋友加入到甲组。甲组、乙组可以轮换着玩。

·**注意事项**：

（1）志愿者辅助小朋友认真听讲解。

（2）在乙组问到"你们邀请什么人呀？"之后，志愿者和老师要提醒孩子注意听是哪个小朋友被叫到名字。

（3）被叫到名字的小朋友要配合另一组的小朋友玩"萝卜蹲"。

（4）一个小朋友代表一个颜色的萝卜，被叫到名字就要蹲下，否则需要表演节目。整个过程中失误较少的小朋友可以获得奖励。

（5）萝卜蹲游戏进行三轮左右后，随机引导一位小朋友邀请大家去他家玩游戏：接龙游戏。

比如，老师或志愿者问小朋友，你的家里有什么？（引导小朋友们回忆自己的家里）

一位小朋友可说：我的家里有爸爸。接着在志愿者辅导下可邀请另一位小朋友回答问题：我的家里有冰箱。

游戏结束后提醒小朋友们回家休息，注意安全。

10.4.12　角色游戏：超市、银行、学校

·**策划人**：李建鑫、田思凤、刘凤娇

·**活动道具**：超市、银行、学校等主题游戏玩具。

·**活动过程**：

（1）老师出示超市、银行等的主题游戏玩具，直接引入游戏。

（2）小朋友自选主题，合作布置游戏场景。

（3）志愿者引导小朋友分配和协商角色，可用"自报公议""猜拳"的方法解决。

（4）结束游戏，组织志愿者和小朋友有条理地归类摆放玩具和整理游戏场地。

10.4.13　折纸：可爱的瓢虫

· **策划人**：李建鑫、田思凤、刘凤娇

· **活动道具**：方形纸、黑色笔、糨糊，鱼的范例、折叠步骤图

· **活动过程**：

（1）老师引出主题，引起小朋友兴趣。

（2）将范例发给每组小朋友，让自闭症孩子观察，并拆开看看是怎样折的。

（3）老师演示，志愿者引导小朋友观看并讲解瓢虫的折法。

（4）提出折纸要求：要求边对角、对角线要对齐，折痕要折平。

（5）自闭症儿童动手折纸，老师巡回指导。

· **注意事项**：

（1）提醒小朋友注意折出折痕。

（2）指导他们在折好的"瓢虫"上画上圆点。

10.4.14　我的小店

· **策划人**：施雨萌

· **活动道具**：

（1）食用物品：饮品（类似牛奶的饮料）、糖果（多种样式的水果糖、牛奶糖、棒棒糖、QQ糖等）、水果（橘子、苹果、梨子、小西红柿）、零食（多种样式小饼干）。

（2）玩具：可以用教室里的器材当作道具。

（3）学习用品：尺子、铅笔、橡皮擦、水性笔、本子、画笔等。

（4）服装：可以用教室里的道具（如帽子）。

（5）其他道具：小篮子（让小朋友装买来的东西）。

（6）自制道具。

①标价（用来给物品标价的东西，可以用纸片准备）。

②钱币（人民币）。

③任务卡（每张任务卡必须包含四大区里的所有东西，而且同种类东西顺序要分开，如QQ糖、帽子、苹果、棒棒糖、本子、梨子、小饼干、尺子、牛奶糖等），而且志愿者要按照顺序一个一个地买，慢慢引导小朋友进行多次练习。

④小店空白纸板（由小朋友自行取名及绘画）。

⑤分类纸板（食用物品、玩具、学习用具、服装四大区）。

⑥前期准备：活动的时候要将所有的东西进行分区，例如：将这些东西分为食用物品、玩具、学习用品、服装四个大区（志愿者要引导小朋友按照任务卡去选择所需物品的所在大区）可放在教室或外面，模拟出一个集市。

· **活动过程**：

（1）老师宣布我们要自己开一个小店，需要小朋友们（两位志愿者辅助一位小朋友）一起去采购东西，再卖出去。

（2）小朋友进行抽签。在此可以添加以前所做小游戏，例如，通过四位志愿者设置的

障碍，优先到达者获取优先获取抽签机会，通关活动有跳《三只小熊》；画一个苹果；听叫声猜动物（如有超过三组小朋友则三人或四人一组）。

（3）抽签分组之后两人或三人一组，由志愿者辅助进行礼貌用语训练。

训练关键词：

谢谢（可以在此提醒小朋友，在集市上接过老板东西或找零钱时可以说一声谢谢）

不用谢

对不起

没关系

你好（在这里可以模拟在集市上找不到东西要问别人的时候，志愿者也可以看小朋友的性格自行选择在买东西过程中是否参与）

（4）领取任务卡，由志愿者进行引导购买。

· 注意事项：

（1）必须按任务卡顺序买，不要嫌麻烦，要多次练习，第一遍教过之后第二次买的时候要引导小朋友自己去说。

（2）按小朋友性格自行选择是否加入"去问别人某样东西在哪"这一环节。

（3）使用钱币时尽量引导小朋友和老板自行交流。

（4）这个时候要尽量引用礼貌用语，要及时提醒小朋友，在买东西的时候要注意引导小朋友进行计算，要主动问小朋友要找多少钱。

（5）根据小朋友采购的速度选择小店（小店的名字由志愿者引导小朋友自行决定与制作）。

（6）分类与整理并分发分类纸板，志愿者引导小朋友进行分类。

（7）角色互换，由志愿者进行购买，小朋友自行决定价格。

（8）引导小朋友使用礼貌用语，不用谢，没关系（购买志愿者可以假装不小心碰掉东西，对小朋友说对不起，然后引导小朋友回答没关系）

（9）要引导小朋友找零钱。

（10）根据时间长短来进行买卖的时间。

（11）总结，表扬一下各位小朋友，并对他们进行奖励（如果有条件的话，可以颁发一个最佳小店奖。注：每一个小朋友都要有）。

（12）如果时间不够用，可以将活动分为两次，也可以将小朋友分为两组，一组来买一组来卖，时间充足时最好还是一起买和一起卖，因为小朋友都可以尝试其中的乐趣，特别是自己制作和取名小店的名字，会给小朋友带来一些成就感。

10.5　感统课教案

10.5.1　羊角球

让小朋友坐在球上，双手紧握着手把，身体屈曲，向前跳动。姿势和双侧的统合，可促进高强度的运动。

10.5.2　平衡台

让小朋友双脚或单脚站立在平衡台上，用双手做拍球等运动，并保持身体的平衡。强化前庭刺激，加强身体平衡能力。

10.5.3　袋鼠跳

让小朋友站在袋中，双手提起袋边，双脚同时向前跳。在跳跃动作中，强化前庭刺激，抑制过敏的讯息。

10.5.4　独木桥

将独木桥呈高低走向或左右走向安置，让小朋友站在独木桥上，双手平伸抬头挺胸，双脚交替前走。有助于小朋友本体感觉的建立和平衡能力的加强。

10.5.5　彩虹伞

把海洋球放在彩虹伞上，小朋友抬着彩虹伞边唱儿歌边走动。小朋友在彩虹伞的四周进行游戏，听教师口令抖动彩虹伞，使彩虹伞上的海洋球跳动起来。

第11章 志愿心得

11.1 历任团长心得

11.1.1 创建蓝灯 助力星儿

2011 年 9 月，我无意间听说一位老师的孩子是自闭症患者。当时想法特别简单，就是想利用课余时间和老师的孩子一起玩，给老师减轻一点压力。从那时起，我经常到老师家里陪孩子玩耍。

轩轩，是我第一个认识的星儿，单凭外表，一点儿也看不出来他是自闭症儿童，但跟他多次接触后，发现他还是有异于正常儿童之处，例如，不能控制自己的情绪，不能很好地表达自己的情感等。经过一段时间的了解，我发现在我们身边有不少孩子是自闭症患者，这无疑让许多家庭倍受打击，让许多父母压力倍增。因此，在老师的指导下我们成立了蓝灯志愿团，为星儿们保驾护航，伴随他们成长。

经过十一假期的筹备，在 2011 年 11 月，我们的自闭症儿童活动基地正式启动了，这是一支由艺术、心理、声乐专业的志愿者组成的小老师们，给孩子们带来了绘画、音乐、陶艺、舞蹈等艺术类课程。

起初跟星儿的交流不大顺利，患有自闭症的孩子不太会与人交流，有的甚至吐口水、动手打人。有一次上课，一名女同学被小孩子狠狠打了一巴掌，当时她就捂着脸跑了出去，泪流满面。面对这些情况，我们没有放弃，而是更加希望帮助星儿们，希望他们能更好地生活下去。因此，我们不断地和家长沟通，得知每一个孩子的情况不一样，但是这些孩子都希望得到别人的赞扬，对此我们更改了上课的模式，一步一步地鼓励式地引导孩子，吸引孩子的注意力。在绘画课上，不少星儿动起手来跟着我们一起涂鸦，跟我们用色彩交流。有些孩子开始来的时候，完全坐不住，注意力不集中。经过一段时间的学习，他们可以坐下来画画、唱歌了，甚至很期盼前来上课，后来我们才知道，这就是艺术疗法的作用。

——蓝灯志愿团创始人，第一任团长，艺术学院 2010 级学生，陈晨

11.1.2 蓝灯行动 蓝灯有我

我叫李震，是一名普通的蓝灯志愿者，"蓝灯"一词贯穿我大学四年。从刚进大学的浑浑噩噩到如今张弛有度；从开始面对孩子们的尴尬羞涩到如今孩子们喜欢的李震哥哥；

从不善言辞到如今的不骄不躁。我的蜕变都是"志愿者"这三个字带给我的。

2014 年 5 月，参加首届湖北省大学生人道公益大赛复赛，这是我代表蓝灯首次站上舞台，经过 1 个多月的演练，满怀信心的上台彩排，说完了演说词，底下的评委给我两句话，一句是：想听官方还是非官方？另一句是：听官方的，你做得很好可以下台了！非官方的就是你们的项目要大改。一句话令我如梦初醒。因为离复赛开始仅仅有两个小时。于是，我赶紧呼叫团队和老师更改项目书及 PPT。复赛按时进行，深呼吸，咚咚咚，走上了木板讲台。四分钟计时开始，时间到。然而我们并没有说完，我心想对不起蓝灯，对不起那些孩子。这个时候主持人说："看到有孩子和家长到现场给你们加油，请孩子和家长上台，让家长说两句"，当时阿姨（一个自闭症儿童紫薇的妈妈）说："我不会说什么话，我感谢武汉纺织大学，感谢蓝灯志愿者们"，这个时候就留下了泪水，孩子看见妈妈在哭就在台上喊："妈妈，你怎么哭了，妈妈你怎么哭了"，台下的现场观众也好多在抽泣，当时评委湖北省慈善形象大使孙汀娟老师说："今天是母亲节，我希望所有的观众都给这位坚强的妈妈鼓掌"。出乎意料的，我们拿到了复赛全场最高分。当时走下比赛台，团队小伙伴不约而同地走到了门外，抱作一团，失声痛哭！感动、惊喜、自责等等各种情绪集合在一起！用眼泪发泄了出来。

我至今依然记得为了冷静自己那晚我们是从华中农业大学一路走路回到了学校。也是从这个比赛开始，蓝灯行动开始逐渐获得认可！先后斩获"创青春"全国大学生创业大赛银奖；"创青春"湖北省大学生创业大赛金奖，并作为全省唯一公益创业项目做公开答辩，并获得最具潜力奖；湖北省首届人道公益大赛复赛第一名、腾讯网络投票第一名、决赛第一名。著名主持人崔永元、湖北省慈善形象大使孙汀娟作为评委力挺项目。

——蓝灯志愿团创始人，第二任团长，艺术学院 2011 级学生，李震

11.1.3 我和星星的孩子有个约会

大家好，我是来自艺术与设计学院一名学生梁晓朵，也是蓝灯志愿团的一名志愿者。今天能够和大家分享在几年来我与蓝灯的成长，我感到很荣幸。我一直感觉在大学期间能做一件自己感兴趣而又有意义的事是很必要的。

我和一名自闭症孩子紫薇共同经历了四年的相处时光，我特别佩服她的母亲，从她们家到我们学校坐车要两个多小时，每个周六的早上她总是五点钟左右起床，带着孩子转好几班车到我们学校，因为坚持了数年，到现在孩子已经能够清楚地记得从自己家到武汉纺织大学要转哪几班车了。

我第一次看见紫薇画画，当时整幅画颜色都是深色，从画里面你能看出孩子内心的压抑，不快乐。而现在她的画色彩明亮，这也表明她的内心阳光，明净。很多时候从孩子的画里面你能感受到他们内心的情感，那是一次课程结束后，我和阿姨（紫薇妈妈）、紫薇一起走出去，"下雨了，"我说，还不等阿姨回答，小紫薇说"地球妈妈口渴了，"当时我被孩子的这句话惊呆了，我和阿姨对视一眼。感觉紫薇的思维真的很特别。他们的思维很独特，很新颖。这是让我特别惊喜的一个发现。紫薇她特别喜欢画画，只要是拿起画笔，她总是不愿意放下，即使下课，好多小朋友都出去了。她依然在画，我看见画里面有个烟

囱，烟囱里面冒出来的不是黑烟而是谷粒（谷粒是紫薇很喜欢的一种饮品）。在孩子的眼中，烟囱里面不应该冒出不好的东西，而应该冒出一种很健康很美好的东西。孩子的世界是很纯洁美好的。紫薇的这两幅画作都获得了全国青少年书画大赛金奖，并且被书籍作为封面刊登。

在蓝灯志愿团这个集体里，和志愿者、孩子在一起，我们付出的是爱心，收获的是感动，这都是我们人生的一笔精神财富。能够被一个自闭症孩子从心底接受是我们觉得做得最自豪的一件事，这件事让我们觉得付出的意义很多时候不在于能不能获得回报，而在于给别人带来的影响，收获那种精神上的满足。这是我们大学期间最充实也最珍贵的时间。如果说大学是一个人思想，行为成长成熟的重要阶段，那么这段时间对于我们的整个大学生涯来说，是弥足珍贵的，我们非常庆幸在大学期间自己能够有这样一次让自己成长的机会，能拥有让以后的自己为之骄傲的经历。

站在了无数的荣誉面前，勿忘初心，抛去所有荣誉的闪光点，只做孩子们心中的蓝灯志愿者，陪着他们开心，陪着他们画画、跳舞、打篮球，做他们的大哥哥大姐姐。现在的我们没有获奖之后的浮躁，我们力求更好，因为我们知道，只有我们真的在做事，我们才叫蓝灯志愿者。一路陪伴感谢有你。

——蓝灯志愿团第三任团长，艺术学院 2012 级学生，梁晓朵

11.2　志愿者感想

有人疑惑，为什么蓝灯志愿团一直在关爱自闭症孩子？因为每一次去照顾他们，都会有一种用语言难以描述的感觉，这也是为什么志愿团还在坚持。因为志愿者去帮助这些"小星星"们的时候，看到他们开心的笑容就会觉得生活很有意义。他们需要我们的帮助，他们心中期待着美好明天，他们期望的是内心中的那一缕开心能被我们无限放大、能找寻到新的快乐。他们独处的"小房间"偶尔会有一缕阳光照射进来，但长时间的自闭让他们不愿去接触这光。其实他们内心却真实的渴望去触碰、去拥抱这温暖，这就是他们复杂而矛盾的内心世界。很多在平常人眼里看似重要的东西，对他们来说却微不足道。反之，在正常人眼中不值一提的，对他们来说却新鲜十足。其实，他们需要关爱和温暖，而志愿团的期望就是给他们阳光与希望。

感想一

【我们的故事】

作者：张好

第一次带微微是在我刚做志愿者不久，一来到活动室的她就非常开心和兴奋，但是随着活动室的人变得越来越多，还有前来采访拍摄的团队，这让她有些不能适应环境，她用叫声表达着自己的不安。后来在志愿者的带领下她渐渐熟悉了环境。在课堂上能够开心地听课学习，并主动唱歌表演，还在黑板上用流畅的线条画出了自己爱吃的比萨。在自闭症

儿童中能够流畅使用线条画画的真的不多，但是微微是让我很震撼的一位，她不需要你一遍遍地教导，就能够把自己的想法表达出来，并且可以在画作上写上画的事物和自己的姓名。课间当我看到她和妈妈完美娴熟的配合时，我真的感受到作为一名自闭症儿童母亲的艰辛和伟大。每周六上午的志愿活动下来，我们志愿者要又唱又跳，教小朋友画画、做手工，和小朋友做游戏，像妈妈一样照顾他们，帮他们洗手陪他们玩耍，一天下来我觉得已经很累很不容易了，但想想这些孩子的家长要这样细致的照顾他们一辈子。那我们这些辛苦算得了什么？无数个志愿者在这里坚持，见证了许多感人的瞬间，也见证了孩子们在蓝灯成长的点点滴滴。如果说自闭症儿童是宇宙中特别的那颗星星，那么我们愿意用爱来点亮他们、点亮蓝灯。

感想二

【我们的故事】

作者：韩英

第一次进蓝灯我带了一个比较温和的孩子，他叫天天。天天是个很可爱的小朋友。我在美术课上带领他认字，他都可以完全地辨识出并念出来，并且他还会希望我竖大拇指表扬他。舞蹈课上，音乐起，他就扭起他肥嘟嘟的小身子表演，全程他很听话，我根本无法想象这样的孩子会有自闭症。我决定继续留在蓝灯，去帮助需要帮助的小朋友们。

感想三

【我们与小星星】

作者：熊畅

第一次以志愿者的身份照顾星星的孩子，有点紧张。

他叫里里，18岁，个子很高，爱笑。我和另一个志愿者陪他玩。与他相比，我们志愿者反倒显得娇小。

作为新人，小朋友对我们都不熟悉。里里刚见到我们的时候，很认生，有点排斥我们，他会去找他熟悉的志愿者，但是他不会闹，他很乖，会一直笑，笑容很暖。我们一直和里里说话，问他喜欢什么，爱做什么。慢慢熟悉之后，里里会乖乖坐在我们中间，和我们聊天，不再去找其他人。他会问我们叫什么，他说他是自己乘公交来的，我说你真棒，我都不会乘公交。

我不知道里里用多久才学会的自己乘车，学会一个人与人相处。我也不知道到底是多少次的失败和坚持才成就了今天坚强勇敢的里里。我知道的是在那短短的几个小时的活动时间里，我必须让他感到快乐。他很快乐，我们知道。

星星的孩子不需要太过被特殊对待，他们需要的是被温柔相待。他们没有不正常，他们只是不想理会这个复杂的世界，那么，就让我们点亮蓝灯，去营造一个简简单单的小世界，可以让他们开开心心，一起闪烁光芒，也可以让他们明亮的笑容温暖这个世界。

感想四

【我与他】

作者：黄信波

有一个可爱的小男孩，他的脸上总是充满了阳光般的笑容，他渴望与朋友们一起做游戏，可是他总是会很健忘，总是会记不住好朋友的名字，这使得他总是很难交到朋友。

直到这一天他来到了蓝灯，遇见了大白和小白，并和他们成了好朋友，一起玩耍，做游戏，唱歌跳舞。可是，每当他们问小男孩自己的名字的时候，小男孩总是会记不住，无论大白和小白重复多少次自己的名字，小男孩也会忘记，不过，大白和小白并没有放弃，即使知道，可能下一秒，下一分钟小男孩就会忘记他们的名字。

可能重复了五次？十次？二十次？在挥手告别的时候"你还记得我叫什么吗？""……大白，小白。"

或许，下一次见面的时候，小男孩依然会忘记大白和小白，但是没有关系，我们可以一直重复，一直陪伴他们，可能总有一天我们会不再出现在他们的生活中，到底是我们帮助了他们吗？还是他们帮助了我们呢？又有谁知道呢？

其实我们也同这些来自星星的孩子一样吧，总是会自己孤单着，就如同漂泊在迷雾大海里的一条小船，在茫茫黑夜中流浪。

等到这盏灯再次点亮时，眼睛也会被点亮，笑容也会被点亮，心灵也会被点亮，房间里充满着阳光，与阳光下的笑脸。

这些孩子需要的是一些鼓励与肯定，只要我们愿意真心和他们做朋友为之付出努力，他们也会为你们敞开心扉，给予你最美好的笑容。

写给我的小朋友们

是你，你是花，是暖，像星子闪动着。

一攀，一闹，似风，像在摇动着我。

附耳细听你内心，在我脑海留下美的笑。

你说什么？妈妈，太阳。

你似春说的每一句话，

像朵朵娇艳的花儿。

你是天使，是最美好，是断臂的维纳斯。

我不知道造物主是不是故意的，

可你我心里没有埋怨。

也别因封闭了脆弱内心，

自嘲为遗弃的孤儿，

你要有一颗少年的信心。

谁说，

你不完美、有残缺，

可我却偏爱这不寻常的美。

你的纯真黯淡了这人间，

灿烂。

留念。

希望。

别忘记，今天你，我，欢乐。

你知道我的日子仅是仓促，

可我依愿化身火焰，

短暂而照亮你的童颜。

我相信天外还有另一条路，

另一条铺满郁金香之捷径。

我会像星环守卫白净的你，

守卫耀眼的光芒。

感想五

作者：盛致哲

孩子，多么美好的一个词，是的，他们就是这样一个群体——自闭症孩子。

我虽知你言语障碍，但也知一切尽在不言中。我虽知你心若孤墙，但也知你方寸之地向着光芒。我虽知你封闭自我，但也知你相信诗和远方。你呆呆地看着天，似乎心中在想着什么，我抱着你说那湛蓝的天空有似棉花糖般的云朵儿，你笑了，没有一丝顾虑和忧愁。

我们一起游戏，唱着小歌，妙曼的歌声随着空气在教室回荡，还想起妈妈细语在耳边的故事。

你手执画笔，在纸上留下一行行整齐的字，我想用最好的方式赞美你，我的天使。

美好总是短暂的，就是这短暂的美好激励着人前行，你用实在的方式表达你对我们的感谢。

我们不需要什么回报，只要你笑容依在，那就是最好的礼物。

感想六

作者：盛致哲

北风在我耳边肆意呼啸，骤降的气温让人猝不及防，星点的白絮撒落一地，远看被大雪"踩躏"的枯草，我踏上了回家的路，但雪花儿那洁净的颜色让我想起了"星星的你们"。你们是不是都已经回到了各自家，找到了爸妈和温暖的笑容？是不是时常拨弄头发、甩弄手指，时而欢笑时而愁容？还想和你们在未来的时光里跌跌撞撞地成长，即使摔倒于地也不抱怨，因为你我皆是乐天的。

感想七

蓝灯心得

作者：施雨萌

已经过了一个学期，在蓝灯陪小孩子已经度过了一年了，这一年有欢乐也有伤心，它们纯真的心给我们的心带来一份安静。

当你陪着他一起成长，看着他因为做好一件事而发出开心的笑声，你会有自豪感，你会觉得这一上午都是值得的。

记得今年六一儿童节，由我们几个小干事负责，我主要负责手工和游戏部分，我和一起负责手工的同学逛了很多次手工材料点，左右的挑选，在买珠子的时候我们还在半开玩笑半认真地说："这么小的珠子洞对他们来说会不会太小了，但是他们又没有老花眼应该没问题吧。"不过最后我们也没用上，因为珠子洞的确太小了，我们的线买得太粗了。我们准备了很多的东西，将东西分类，做了很久的准备，开始是累的但是到最后确实很开心。在六一活动过程中，我和孩子一起用塑料瓶做成花瓶，其中一个孩子做好每个步骤都撒娇要小红花表扬，小红花对我们就是一个贴纸但是对小孩子确是一种鼓励，一次表扬。在游戏的过程中一个孩子得到吃的奖励，却转身给了一位陪他的志愿者，我们很多人都被这一幕感动了，不是我们希望他们可以给我们什么的回报只是很开心在他们小小天地里有我们的存在。

如果可以，希望他们可以面向太阳，不问春暖花开，只求快乐每时每刻。

感想八

作者：张远航

自闭症，又称"孤独症"，这是一种无法预防也无法治愈的终身疾病，发病率已达千分之六，超过癌症、糖尿病和心血管疾病的总和。2006 年，自闭症被列入"精神残疾"，生活能自理是自闭症患者最理想的康复状态。社会上有许多这样的孩子，这些折翼的小天使被称作"星星的孩子"。

小雨，30 岁，一个自理能力很强的自闭症儿童，虽然他生理上有 30 岁，但实际上他仍然会叫我们蓝灯志愿者哥哥姐姐。我有跟小雨小朋友真真切切地相处过，发现他是属于自理能力很强的自闭症儿童，他会独立画画写字，跟志愿者简短的对话，值得一提的是他还会玩手机。记得我第一次看到他时，他会盯着你傻傻地笑，不知道的人会以为他是对女孩子图谋不轨，但其实他是在向你表达出他的情绪，他很开心！小雨小朋友曾经很开心地说："我最期待星期五了，因为星期六就可以去参加蓝灯活动了"，当蓝灯活动第一节画画课结束后，小雨小朋友会拿出他的手机把自己的画拍下来。当我看到这一幕的时候，我很吃惊！因为这和我对自闭症儿童的印象相违背，这时我才意识，自闭症儿童并非低能儿，只是他们不敢与人交流，害怕人多的地方。他们都很可爱，很温暖，会感激蓝灯的哥哥姐姐们。只需要我们多一点耐心，呵护他们，轻轻地牵起他们的手说："今天你真棒！"我想，这便是对他们最大的鼓励。

"我知道我一直有双隐形的翅膀，带我飞，给我希望"正如《隐形的翅膀》一般，星星的孩子们也有着一双隐形的翅膀，他们对音乐、绘画等比较敏感，只是起步对他们来说很难，前期要付出的努力相当大。大多数自闭症儿童对图像思维较敏感，但学绘画对于他们而言还是十分艰难，甚至握笔这一个简单的动作，有些孩子就要学很久才要学会，更别说之后要把不同的色块画在纸上。如果你走近他们，会发现这些孩子像天外来客，每天一点点进步，创下了一个又一个奇迹。这是天真者的艺术。有不少人说不理解自闭症儿童的画或是看不懂，但这样一幅对于普通孩子来说是简单的色块或线条的作品，对于自闭症患儿来说，却凝聚了长期的心血与努力。对于他们来说，绘画，也许是除了语言之外的一种较好的沟通与表达方式。他们不聋，却对声响充耳不闻；他们不盲，却对旁人视而不见；他们不哑，却对外界闭口不言。犹如远在天边的星星，遥远的一颗一颗地亮着，他们活在自己的世界里——自闭症儿童。

"人生如囚，无止期"用于形容自闭症患儿家庭亦不为过。虽然家长们都接受了事实，并与孩子共成长，也会将孩子成长过程的辛酸事当故事一笑而过。但在他们心里始终有个担忧，那就是当他们老了，带不动孩子；当他们死了，留下了孩子怎么办？他们渴望有更多的社会爱心人一同接力完成孩子的养护问题；他们渴望政府能尽早建立终身养护制度，帮助"星星的孩子"，脱离逐渐长成却无处容身的困境。这些被称作为"星星的孩子"心纯净得像天空，看得见却摸不着，我们的社会对他们歧视太多，接纳太少。他们需要被呵护，需要被安慰，他们需要社会各界的人们寄予力所能及的关心，他们要的不多，他们要得不过分，虽然他们的心紧闭着，虽然我们不知道这些小天使为何不敞开他们的心扉，但是我们对他们张开双臂就够了，张开双臂将他们拥入怀中在他们耳边低声轻语：我亲爱的宝贝，世界那么大，有我拥抱你！

感想九

【一名志愿者的感想】

作者：韩佳晨

每个孩子都是祖国的花朵，都应该得到悉心的呵护与关爱，那星星的孩子也不例外，他们甚至更需要呵护与关爱！身为蓝灯志愿团组织的一名干事，我认为，星星的孩子是非常可爱的，但却苦了他们的父母。

因为禾禾的爸爸说，"对于自闭症儿童家长而言，谁家摊上这样的事无异于一场地震！"可是，他却赞美他的老婆，为他生了这么一个好儿子。对于禾禾的未来，禾禾爸爸想过了，就是，"继续当我儿子吧，终身职业。"他微博上的更新，无一不透露着他对儿子的爱。我也多希望能够尽我所能去帮助这些自闭症儿童家长，给他们的孩子带来欢乐。

每到星期五，我也会像这些孩子一样，期待着第二天的到来，因为那一天，是蓝灯的活动，那一天，会有好多的欢乐。当看到孩子们"调皮"的时候，我会笑；当看到他们认真听课的时候，我会笑；当他们笑的时候，我更会笑，这是一群多么可爱的孩子啊！

参加了蓝灯以后，有很多感触，而这些感触只能用心去感受，是文字所表达不出来的。

只希望蓝灯可以越做越好，越做越大，给更多的星星宝贝带去关爱。

感想十

【一名志愿者的感想】

作者：张远航

又到了每周一次的蓝灯活动，这次却与往常的活动不一样。临近圣诞节到处都是可见圣诞树、彩带、平安果！而我们蓝灯志愿团也加入庆祝圣诞节的行列中。这次是我们从开学到现在第一次参加的大型活动，我们从教室走出，到大学生活动中心开展蓝灯以庆祝圣诞为主题的活动，与我们可爱的小朋友一起唱歌跳舞做游戏！值得一提的是这次活动中不仅有我们蓝灯志愿团的全体成员，还有纺大的校志愿者协会成员和新闻媒体前来与我们一起和小朋友们互动，并且了采访志愿者、孩子们的家长，可见关爱自闭症儿童的志愿服务行动越来越得到社会的密切关注与报道。

这次活动我一如既往地照看的是小雨小朋友，值得欣慰的是他还记得我，记得我叫什么名字，虽然发音不是很标准，但当我问他我叫什么的时候，他会很快地说出我的名字，这时我就会特别开心地给他鼓掌说："对了，你真棒"。这次活动的内容很丰富，一开始是大家围成一个大的圆圈，由一名小老师在中间主持，然后大家一起跳舞！当音乐响起，大家就跟着音乐一起舞动起来，这时我发现小雨小朋友脸上洋溢着幸福的笑容，是那种纯真无邪的笑容，不光是小雨小朋友这么开心，还有其他的自闭症儿童脸上也洋溢着开心的笑容，这时我们就知道，"星星"的孩子们跟正常人没有太大的区别，他们也有喜怒哀乐，只是有着自己表达情绪的方式，他们也会懂得分享，懂得感恩！

今天最让我们感动的一幕就是琦琦小朋友向蓝灯志愿者们送祝福，他是一个自理能力很强的自闭症儿童，他会唱歌、会跳舞、会跳绳、会与人分享！今天他还带来了一袋橘子分给了在场的所有人。当要小朋友才艺展示的环节时，他说有些话想要对蓝灯的哥哥姐姐们说，紧接着他掏出了一个心形的卡片，上面写满了文字，他用那细小的声音朗读着对蓝灯志愿者的祝福！他说："感谢蓝灯的哥哥姐姐们，谢谢对我们的帮助与关爱，祝大家身体健康，圣诞节快乐……"待到琦琦小朋友读完，有些志愿者已经泪目，我真的是很感动，内心的感动是无法用言语来表达，可能只有身为志愿者的我们在与那些可爱的孩子深深相处后才能感受那种感动。"星星"的孩子，他们并不是异类，只是由于先天的神经损伤导致感官能力不健全，造成无法正常与人沟通交流。而他们需要大众对他们的理解与关爱，正如琦琦小朋友对蓝灯志愿者们的感谢就是人的本性——一种懂得感恩的本性，尽管是自闭症儿童，但当你与他们密切相处后，他们也会懂得你的好。

活动结束后，我们一一把孩子和他们的家长送走，远远地目送他们，他们脸上都是带着开心的笑容离开的，不禁理解蓝灯志愿服务团创立的初衷和存在的价值。我们不为别的，只想跟孩子们多相处一会儿，让他们多开心一会儿，我们不说蓝灯这个组织有多么伟大，我们只想传播正能量，给自闭症儿童多一点关爱！不忘初心，一直前行！

感想十一

【一名志愿者的感想】

作者：张贝妮

每年"六一"全国各地都在组织各种活动，孩子是祖国的未来，是明天的希望，党和国家都十分重视儿童的发展，自闭症儿童是一群特殊的人员，感知觉、情感、语言、思维和动作与行为都存在一些障碍，但是他们也有自己的特长，俗话说，上帝关上一扇门自会打开一扇窗。而这周六蓝灯志愿团携手校志协的志愿者们通过音乐，游戏，绘画等形式在武汉纺织大学大学生活动中心与孩子们、家长们一起开展欢度"六一"的活动。

伴随着音乐的响起，我们的音乐舞蹈课就开始了。蓝灯志愿者们领导着小朋友手牵手围成一个圈并将小老师围在中间。由小老师发号施令并播放音乐，志愿者们则与小朋友们一起手牵手围着小老师边走边唱！气氛十分融洽！而我这次照顾的小朋友叫龙龙，他是属于自理能力比较低的自闭症儿童，他不会讲话且不能与人正常沟通交流。但是当音乐响起小老师说要开始转圈圈走的时候，他会听从志愿者的话语并配合着一起转圈圈，这是一个很好的开始！对待自闭症儿童只要你多一点耐心，那将会给你一个意想不到的收获！有人说：志愿服务很辛苦，甚至是吃力不讨好！但为什么我们蓝灯志愿团却能坚持长达7年之久，就是因为这些"星星"的孩子的一个笑脸、一个拥抱、一声谢谢！能让你内心都充满温暖，能让你浮躁的心安定下来！谢谢"星星"的孩子们！谢谢你们童真无邪的笑脸！谢谢！

在孩子们嘻嘻哈哈的笑声中我们的音乐舞蹈课也就结束了，紧接着便是手工课。这次活动中我们蓝灯志愿团的小老师准备的手工活动可谓是非常丰富多彩！我们将带领孩子们制作属于他们自己的小瓶子。在周六的活动之前我们蓝灯志愿团征集了许多塑料瓶，并采购了制作瓶子的布料以及相关工具。万事俱备只欠东风，志愿者们则领导着孩子们将五颜六色的绳子捆缠在瓶子上随后再粘上小星星点缀，最后再插上羽毛，这样属于"星星"的小瓶便做好了！孩子们在做好瓶子之后很开心，并与家长们分享了自己的成果！这也是很值得我们志愿者欣慰的！

最后在孩子们的欢声笑语中，我们以庆"六一"为主题的关爱自闭症儿童活动便拉下了序幕！并把孩子们一一送到他们家长手里，我们志愿者的心也就落下了，而随之蓝灯志愿团这次以庆"六一"为主题的活动便圆满结束！感谢各位志愿者的辛苦付出，也感谢各位家长们对我们蓝灯志愿团的信任以及也感谢社会上各位人士对自闭症儿童的关心和关注！希望在接下来的日子里我们蓝灯志愿团能变得越来越好！我们"星星"的孩子们能得到更多的关心与关爱！

感想十二

【我们的故事】

作者：李多阳

2017 年 5 月 13 号，还是跟往常的周六活动一样，也可以看得出来那天良良真的很开心，前两节的音乐课和绘画课都比平时要顺利的多，也比平时少了一些刺激行为，不过却在最后一节的折纸课上出了点小插曲，因为次日是母亲节，所以我们折纸的内容是花，准备让孩子们亲自折一朵送给自己的妈妈。折花对于良良他来说可能会有一定的难度，因为一时的没能跟上，一言不合他就在我的背上来了一记拳头，当然这不是他的第一次这样，但是这却是他第一次在攻击行为后对我说"疼不疼？""不疼不疼，没事，你继续折，慢慢来。不要着急，看我这里，我们先把这个角折进去……"我立即安抚他的情绪，缓解他的不安，当然他说的话都不是很清楚，这三个字也是一样，其他人我不知道有没有听到这些，不过这三个字我却听得异常清楚。我知道他每次的攻击行为都不是故意的，只不过是他暂时的想不通，想表达却又表达不出来，就跟婴儿一样嘛，想要的没得到，说不出来就用哭的形式来表达。不过后来他也成功地折出一朵花来并且带给了他的父亲（那天是他父亲陪他来的），我想回家后他母亲接到他递上的花时，一定很开心吧。

那天后，我知道，志愿之路，不会停。

感想十三

【星星的孩子】

佳佳，男，爱好：电子产品。这是我无意中在翻调查表的时候看到的信息。心中不禁了然，原来如此。难怪，难怪每次活动课的时候，他总是那样积极地帮我开关音乐播放器，只要音乐声一停，他就立马冲到讲台前开心地叫着："别动，别动！我来关，我来关！"这时候其实都是很无奈的，既害怕赋予它的特殊，会扰乱课堂秩序又害怕拒绝而伤害他的乐趣。但是每一次都默许了他，因为实在不忍心拒绝，他总是那么急切地跑上来，眼睛那样弯弯地笑着，嘴角也是。五官仿佛都挤在一起了，并没有美感，而且还有喜感，但真的很可爱的，表情很夸张的，夸张到你真的舍不得也不忍拒绝。每次关闭，他都会特别开心地笑着对我说谢谢，嗯，笑的傻傻的很甜，打下这行字的时候满脑子浮现的都是他的眉眼弯弯的笑脸，想到就不禁觉得心中一暖！毕竟这炎炎夏日，这丝暖意可以给我带来的慰藉可不止一点点呢。另外在我看来，每一个孩子都是不完整的天使，在时间的冲刷中，渐渐变成追逐完美的成人，而我们所接触到的这些星星，不过是天使中不完美被放大了一点儿而已。而这一点儿的而已，我们做不到修补完整，但是却可以努力拥抱着他们。

感想十四

薇薇，一位 18 岁的可爱姑娘，蓝灯志愿团成立以来她就积极地参加每周的志愿活动，也算是蓝灯的老朋友了。从一开始的害羞和人多时控制不住情绪的尖叫，到后来的可以和志愿者配合互动，甚至可以在妈妈的指导下自如的接受电视采访。这些都是她一点一滴的成长，也是对于蓝灯志愿团的支持和回报。她有着与生俱来的绘画天赋，据她的妈妈讲，她从小就喜欢画画，拿到画笔的她就仿佛拥有了整个世界，有时候画画走火入魔的她都会忘记时间。她将那些无法用语言表达情绪都表现在她的画里，她有着自己的思维和想法，有着自己想写想画想抒发的东西。我想这大概就是她的天赋和潜能吧！在蓝灯这样的孩子有很多，他们都有着超乎常人的一面，有的对绘画有天赋，有的对触觉敏感，有的对数字感兴趣，有的对汉字熟悉，上帝虽然给他们关上了一道门却给他们开启了一扇窗，让他们成为独一无二的自己。去发掘他们的潜能，让他们去拥抱世界，也使得我们的志愿之路越走越远。

感想十五

他们一直封闭着内心，星星的孩子他们单纯，孤独，渴望有朋友却又害怕接触，我第一次带星星的孩子，他是开心的，他兴奋地尖叫，不停地拍打着桌面。那一刻，我有些不知所措，反应过来后，我赶紧去握住他那双小小的手。因为力的作用是相互的，拍的越多越响，小手就会越痛，而这是我不愿见到的。在手工课时，我们需要一起黏土，但是我发现他不能集中注意力去做这些，他没有办法跟着老师一起做，那一刻我心痛了，我多么希望他可以自由自在的做这一切。

他在音乐课时很听小老师的话，也很乖，得到鼓励后的他会很自信，很好奇地看着我和另一个陪他的志愿者，眼睛无比的清澈，我想此刻的他应该也在为自己的这份勇气感到自豪吧。

他们是星星的孩子，他们在自己的世界里一直闪烁着，他们一直善良地对待这个世界，他们不需要我们异样的眼光，不需要我们特意去对待，他们需要的是我们的陪伴、鼓励。

感想十六

12月16号的上午，在这个寒冷的冬日里，孩子们如约来到了蓝灯活动室。今日的活动如同往常一样，和孩子们一起唱歌、跳舞、写写、画画；在活动课上和他们一起嬉戏，在他们每冲破一个障碍，突破自我时，便奖励他们一朵小红花，让他们意识到自己很棒！志愿者们也努力地引导着孩子们，牵着他们的手，画出优美的线条，舞动自己的身体。经过长时间的磨合，孩子们和志愿者们已经颇有默契，志愿者们熟悉每一个小星星的喜好，照顾起来也越发的得心应手。当小老师发出指令时，孩子们也会抬起头来看看小老师的下一步行动，紧紧跟随，很是可爱。小老师会让孩子们在台上表演，或在自己的作品背后写上自己的名字，与其他孩子们进行交换，志愿者们也会从旁鼓励。孩子们羞怯的眼神，捏住自己作品的手，无一不透露出他们的紧张。也许他们交换了，也许他们没有，但这样的鼓励绝不止一次，一次不行，就两次、三次。大家都期待着孩子们对彼此展开笑颜，能够突破自己，走出自己的世界，与其他孩子们成为朋友。而我们蓝灯也在为此努力着，坚持着，背负着家长们殷切的希望前行！

青春的列车，一直向前驶去，我们不能选择停留，但我们可以播下希望的种子。本周活动的过程是和谐而又美好的。在玩耍的过程中，我们在不知不觉中逐渐和孩子们熟悉，逐渐获得了孩子们的信任。孩子们逐渐从初到陌生环境的不安，转变到了能够和志愿者们一起手挽手一起活动了，在这个过程中，我感受到了一股责任，以及逐渐在心中泛起的成就感，这两种情感伴随着我们，也在不知不觉中逐渐影响到了孩子们。我们志愿者之所以会组织这样的活动，不是为了能够立刻改变他们，让他们康复，而是要在潜移默化中逐渐培养孩子们适应社会的能力，在不知不觉中逐渐用自己的热心去感染他们。让孩子们知道，世界上是有人一直爱着他们的，这份爱意会永远伴随着他们的成长，他们，不是孤独的。时光匆匆流过，我很庆幸能成为一名志愿者，我也很庆幸，今天能够参加这样一个活动，这份经历我会一直牢记于心。

感想十七

【温暖的守候】

作者：曾雯静

星星的孩子总是散发着光芒，温暖着你我他。加入蓝灯的这一年，收获了开心与温暖。记得最为深刻的一个孩子是航航，一个非常可爱的小朋友，并且非常活泼，在带他的过程中，大部分体力用于去追他，但是你会在追他的过程中看到小朋友很喜欢这种一起玩耍的感觉，其实细想或许这就是他和你交流与接触的一个方式。在这次带他的过程中，我真正体验到了他们的天真与可爱，这就是属于星星的孩子吧。

感想十八

【和小朋友的故事】

作者：桂梦研

自从加入蓝灯志愿团，每一次和小朋友的相处都是开心的，慢慢也懂得了怎么与小朋友相处。说实话，第一次活动的时候，我非常的紧张，怕照顾不好小朋友，怕碰到难带的小朋友，怕小朋友哭闹不理人。可是慢慢，我越来越期待每一次小朋友的到来，越来越怕我对应照顾的小朋友来不了，而去旁边与家长交流。虽然每一次带一个新的小朋友，他最先会不理我，不与我交流说话，但是一两节课下来，他们会愿意与我交流，甚至问我问题。在最后分别的时候，会抱抱我，喊我姐姐，这是我最开心的时候。我深深记得有一个小朋友，我带过他几次，他最会画车，问他以后开车来接姐姐好不好，他会说好。每一次见他问他还记不记得姐姐，他会甜甜地说记得，超级乖，讨人喜欢。和小朋友之间的故事有很多，但是仔细想，记得最深的还是我很开心地与每一个小朋友互动和每一个星期六的早上。

感想十九

【我们】

作者：罗侃

世间最好的默契，并非有人知道你的言外之意，而是有人知道你的欲言又止。

2019 年过去了，我第一次了解到了自闭症，了解到了自闭症儿童，也第一次真真切切地接触到了这一群可爱的小朋友。我第一次了解到了志愿服务，并且成为一名志愿者。我第一次认识蓝灯，进入蓝灯，成为这个公益组织的一员。我身边有很多加入各类组织的人，原来善良就在身边，光明原来与我们一直同行。四五个月，我带过很多的、不同的、各具特色的小朋友。这些小朋友们，他们作为大千世界里的一员，明明是其中之一，但却又显得略有不同。因为先天发育障碍，他们与我们这个世界总是缺乏一个交流沟通的合适的方式。他们想要融入我们，但是难以找到融入的切入点。而我们想要了解他们，却又难以找到彼此交流的最合适的方式。人海十万里，我们会善待彼此，孩子们会找到与社会的切入点，与世界的切入点，善良会越走越远。

2020 年，如果可以，我想和我遇见的每一个小朋友一起，对自己，对世界，耐心一点，再耐心一点；坦诚一点，再坦诚一点；勇敢一点，再勇敢一点；温柔一点，再温柔一点；当然，也可以顽皮一点，再顽皮一点。我们可以一起拥有，更可爱、更生机勃勃的世界。

感想二十

作者：汤芷怡

这个学期，我有幸进入蓝灯志愿团。在这里，我结识了一群有爱心的同学，认识了许多可爱的星星的孩子，在这个学期每次活动里，都发生了好多令人印象深刻的事。

在某次活动中，我认识到了一个对电子产品特别感兴趣的孩子，他不哭不闹，特别乖，就是看到活动用的大音响就蹲下来，然后目不转睛地盯着音响。好不容易带他去参加了运动会，他可以一个项目重复好多次，用各种不同的方法。当时我就觉得，这个孩子真聪明。你对他说话，他会认真听，我习惯用商量的语气和他交流，他也会认真的回应我。我觉得能够得到回应，一切都值得了。

在一次次活动中，每个孩子给我留下印象最深的就是他们的眼睛，他们好奇，天真，上课认真但也偶尔调皮。但是看着他们的眼睛，我会想：这大概是世界上最美好的东西吧。

感想二十一

作者：王思茵

一个偶然带着一份真诚的心，我与这个充满爱的志愿团相遇。在每个星期的活动里，我带着不同的小朋友却收到了同样的感动。有的小朋友不善于表达，于是就会用肢体语言来表达他们的喜欢；也有乖巧的孩子，甜甜地喊姐姐。这些小天使只是暂时地在自己的星球成长，但是他们不会一直孤单下去，因为这个世界有爱，有我们。明天总是美好的！

感想二十二

作者：王雨

加入蓝灯志愿团后，我遇到了很多星星的孩子。尽管他们和其他的孩子不同，但是他们的笑容和普通的孩子并无差异，都是这世界里最纯真最美好的一抹色彩。

在第一学期的最后一次活动里，我遇到了一个叫峰峰的男孩。就像大多数脑瘫的孩子一样，第一次见到他时他紧紧牵着妈妈的手，清澈的眼睛里流露出对未知的紧张。我们把他领到一旁的座位上休息，他也很少回答我们的话语，我们有些无奈，感觉彼此隔着一道巨墙。

但这堵巨墙被一个玩具给打碎了。峰峰拿到了超级飞侠的玩具，我们也陪他玩了起来。他拿着玩具模仿飞机的飞行轨迹，我也学着飞机的声音做出"奇怪"的配音。他紧绷的脸逐渐放松下来，玩得很入神，还拿玩具和我"互动。"他很开心地笑了，并且也愿意把玩具与我们分享。透过他的眼睛，我看见的只是一个快乐的 boy，他和我是同样平等的灵魂，生活在同一片天空下，同样追求着快乐与幸福。

后来的活动里峰峰都表现得很棒，虽然活动中他被另外两个男生志愿者给"抢"走了，但这也是我第一次有种"舍不得"的强烈感觉。希望更多的"星星"们都能变得更好，拥有一个属于自己的幸福人生。

感想二十三

作者：易林恺

那是我们第一次作为志愿者的身份与小朋友们见面，还记得我带的那个小女孩，活泼、好动但又可爱。那次的经历十分难忘，整个上午我都在陪着她到处疯跑。但也正是那一次让我知道了自闭儿童，他们的世界与我们不同，但他们也同样可爱。同时让我也体会到了自闭儿童家长的艰辛。从那次过后，我只知道，那个上午的时间，我都要做好自己该做的事，奉献自己，帮助小朋友早日恢复，以及缓解家长们的劳累。

感想二十四

作者：袁曦宇

刚到蓝灯就参加了一次大活动，第一次有那么多孩子在一起做活动，看到小朋友们玩得很开心，我心里也很充实。特别是运动会上的那个小朋友，全程都是活力满满，拉着我去做游戏，一直蹦蹦跳跳的活泼可爱。很享受每一次参加蓝灯活动的时光。

感想二十五

作者：岳名秀

在第三次参加蓝灯志愿团活动时我终于带到了小朋友，由于前两次的活动我都负责签到和制作手工，所以这是我第一次带小朋友。小朋友叫航航，是一个小男孩，但是他并不闹腾，常常对着我们笑，在志愿者的引导下，会向小老师学习唱歌和跳舞，这种孩子在自闭症儿童中属于比较乖的孩子，也让我和另外一个志愿者比较省心。航航爱吃糖，每当他表现好时，我们会奖励他一颗糖，他就开心得不得了。但是没想到下一次我带的小朋友还是他，很令我惊喜的是他居然还记得我，对我有印象，我十分开心，带着他上课，还做了一些手工，当他奶奶看到航航把手工送给自己时，也是十分感动，我说航航每天都在进步，很聪明，奶奶高兴地带他走了。自闭症儿童并不都是像航航一样听话，更多的是活泼好动，但他们都有一颗善良的心，有时候不经意的举动就会让我们感动，所以我们更应该爱护这些善良的孩子。

感想二十六

作者：周怡斯

我想分享最后一次带小朋友的经历。那个小朋友真的超可爱，又因为是大活动，有的志愿者没有小朋友，然后，有两个人就过来抢我的小朋友，可能是我的小朋友太可爱了，嘿嘿，那两个志愿者带着我的小朋友玩游戏，在游戏休息时间，我张开双手想抱他，结果那个小朋友就跑过来扑进了我怀里。哇，那一刻真的好感动，虽然他没有叫我一声，但他扑过来的那一瞬间，真的超级开心，值得。

感想二十七

作者：周子懿

自从我加入蓝灯以来，每次的活动我都很开心。我感觉我自己也不是特别会和身边不熟悉的人交流，之前的我不是这样的，我是一个连陌生人都可以聊起来的热情的人，像一把火，但它可能过了，我懂得如何交朋友，可是我似乎不太懂得如何去良好地把友情长久地维持下去，在经过友情破解后，我害怕和身边的人深入交流，不敢与他们交朋友，我想我可能在友情上畏缩了，来到蓝灯后我感到挺好的，有一群人在一起，我很开心，但我并没有过多和他们交流，但我们一起带小朋友，我们一起为一件事情，一个目标努力。而且，对于我来说，我们做的事情是伟大的，我们都在努力。

第一次参加活动就是大活动，我既紧张又激动。到现在我都记得丫丫的小动作，最后离去时亲我的一下，她不愿从外校志愿者身上下来的样子，现在想想当时因为不太熟，想说的谢谢一直没有说出口。我想我再次见到她的时候，一定要对她说声你上次真的很厉害，很棒，谢谢。第二次我参加的活动，带的女孩叫阳阳，她很聪明，拿着从凳子旁捡起的羽毛球和我们几个干杯。也同我们做了游戏。第三次我们带了一个小男孩长得特别可爱，很喜欢跑，整场运动会都没有要妈妈。就是有的时候不愿意走路。我想说的是，不仅是我们给了他们帮助。他们同样也帮助了我，我也为志愿者的工作做出了改变，我变得耐心，不再太过想博得别人关注，我变得更加内敛。我想我会变得更好，生活的每一件事都会把人的性子反复打磨，既然如此，那么我便做出更多的好的事情，改变别人，帮助别人，改变自己，帮助自己。

最后想说，我愿意一直留下来，做到最后，为蓝灯做出贡献，为办公室做出贡献。这可能会丰富我的大学生活，是它浓墨重彩的一笔。

感想二十八

作者：陈涵

时间如白驹过隙，转眼间已经过了半年，在蓝灯的这半年里，我做过义卖，带过小朋友，参加了江夏微光公益视频的拍摄，参与了圣诞节盲盒义卖的策划，还参加了江岸区非遗传承人的年会，这些都让我收获颇丰，受益匪浅。

在这半学期中，让我印象最为深刻的是运动会的大活动。

真的很有幸能成为运动会中小游戏的负责人，从布置道具到照顾最后一个小朋友完成独木桥与钻山洞项目，每一个细节我都倾尽了全力让它能更好。

在许多小朋友过来玩这个项目的时候，我发现每一个小朋友都有很丰富的想象力和创意。独木桥本来是直的，可是就有小朋友自己把它摆成弯的增加游戏难度；"山洞"本来是钻过去的，可是有的小朋友会跳过去或者爬过去以增加游戏的趣味。

这次运动会我接触了很多小朋友，尽管他们性格各不相同，但他们都有一颗天真烂漫的心，他们会对新鲜的事物感到好奇、会对喜欢的东西保持热情，可能表达方式会不同，但这正是他们的独特之处。

那天小朋友们对我说的每一句谢谢姐姐、每一个温暖的拥抱和每一个热情的亲吻都将会是我继续在蓝灯走下去的信念。

在加入蓝灯的这一段时间里，我也对文创产品产生过诸多想法，从小孩子喜欢的小玩意，到充满创意和灵感的图纸，从义卖策划到对创业办公室的期待，无一不让我对今后的蓝灯充满期望。我加入蓝灯的时间还很短，但未来的路还很长，希望自己能不忘初心、砥砺前行。

感想二十九

作者：付仲元

不知不觉已经来了蓝灯半年，这半年有收获、有感动、有困难、有很多月末总结、有文创要做……

但如果要用一个词来定义我这半年的工作，我想应该还是收获。这半年我收获了责任心，记得第一次活动我就带了个调皮的小孩，他叫镜镜。但不知道为啥我对他一见如故，那次活动我几乎抱了他一上午，活动后感觉腰都直不起来了。但那天我非常的有成就感，这也让我明白了照顾自闭症小朋友必须时必须充满责任心，应该在活动期间我们扮演的就是监护人的角色，一点疏忽可能就会造成小朋友受伤，十分危险。我在创业部收获了一群朋友，部长为我们也是尽心尽力，虽然我们经常来不齐人，但我们部门的氛围还是不错的。在创业部也收获了满满的感动，优秀志愿者、圣诞晚会，还要有学长们送的圣诞礼物，都成为我美好的回忆。

经过这半年的大学历练，我觉得我成熟了很多，在很多大是大非面前也能有自己的看法。希望未来可以和蓝灯一起成长，一起变好。

感想三十

作者：宋杨杰

这已经不知道是我第几次去参加这种有着不一样意义的活动了，部门每次安排的活动都意义非凡，每次都有着不一样的收获，希望这次也可以收获满满。

这是一个阳光明媚的上午，我舍弃了我睡懒觉和逛商场的时间，来到了这个有着特殊人群的地方，这里的小朋友都有一定程度的自闭症，我们的任务就是和他们亲密接触，照顾他们。自闭症儿童的表现，首先是语言发育方面，有的小朋友不会说话，终生不会说话。有的小朋友会说话，但语言刻板，重复模仿，不成句，就是难以说出一个完整的句子。有的小孩不能聊天，我会试着与他们接触，刚开始，他们会有些害怕，因为很多自闭症小孩都会有这种怕生人的表现，但是后来通过一次又一次的尝试，感觉他们与我的距离越来越近，自闭症的孩子会缺少互动，不会和别人打交道，在幼儿园的时候他可能不合群，小朋友在操场上去玩游戏，他不参加。到了青少年期就是独来独往，我行我素，自己想干什么就干什么，其中有个小孩就很不喜欢说话，头也不抬地坐在那里不知道想什么，我试着与他接触，刚开始他还有些抵抗，后来慢慢地，他脸上露出来久违的笑容，那时我就感觉，我今天没有白来！

一天下来，身体和心理都有不同程度的疲惫感，但是收获很大，这个活动让我知道了社会上还有着一群这样的人需要别人的照顾与关心，我以后只要一有时间也会来这里照顾他们，部门安排的活动十分有意义，希望下次还可以有这种活动来丰富自己的生活，提升自己能力的同时又可以锻炼自己！

感想三十一

作者：王潇瑶

在过去的半年里，我一共带了三次小朋友，做了三次音乐课老师。其中，印象最深的还是第一次带小朋友以及第一次上台当老师。

我第一次带的小朋友叫君君，是一个听话可爱的小姑娘。最初的我，对自闭症儿童没有任何概念，我害怕自己不能很好地和他们相处。但是这个小姑娘让我在这个志愿团有了一个非常良好的开始。她是语言方面有一些障碍，但是非常的乖，我们说什么，教她做什么，她都非常积极的配合。她很喜欢我们抱她，在跟我们稍微熟悉了以后，就时不时黏在我们身上，而且在看她那么开心，那么自然的喊我姐姐以后，心里还是很有成就感，很开心的。似乎面对他们，脾气再差的人，也会忍不住耐着性子，呵护他们。

而我第一次当音乐课老师是在小教室里。在那之前我从来没有参加过小教室活动，更不了解小教室的上课模式，再加上没有任何经验，我还是很紧张的。那次活动的主题是小动物，所以我和我搭档选择了《小龙人》和《小兔子乖乖》这两首欢快的儿歌。在前一天和搭档一遍又一遍熟悉舞蹈动作以后，我们真正紧张的是怎么去教小朋友，怎么让气氛活跃起来。因为第一节课音乐课的作用就在于活跃气氛，让志愿者和小朋友熟悉起来。可能是我有一个非常合拍的搭档，我们的音乐课十分活跃，我和搭档配合得也很好，你一句我一句的可以接下去。而我们的课堂气氛也是受到了学姐的表扬。我想这也是为我的音乐课打开了一个良好的开端，之后的课堂也是找到了方向。

总的来说，这半年我在蓝灯真的收获了很多，我认识了很多很多新同学，认识了很多可爱的小朋友，也对这一群体有了更深的了解。我也希望，未来的蓝灯能更好，能帮助更多需要帮助的小朋友们。

感想三十二

作者：吴宇航

以前只是听过有关自闭症儿童的信息，但从未跟他们有过接触。在大一加入蓝灯志愿团后才知道大家把这些患自闭症的孩子们叫作"星星的孩子"。这些孩子虽然在行动上有一定的障碍，但是这群"星星的孩子"在自己的世界里依然光芒闪耀。

他们跟同龄孩子一样喜欢唱歌，只是由于在言语交流方面有一定的障碍，他们的音调与同龄的孩子不太一样。所以我们带着这些孩子们唱歌跳舞。

记得我第一次带的孩子叫航航，他刚开始就是一副生人勿近的样子，不跟你交流也不参加活动，我正手足无措的时候也得到了部长们的帮助，教我如何跟他交流，在一上午的相处后他也和我亲近了很多，很多孩子都是由家长陪伴来的也有的小孩是亲戚带过来的，他们对家人都非常依赖，想要让他们跟着我们一起做活动也不是一件很容易的事情，所以我们每时每刻都要用心去带着他们，不管他们去哪我们都要跟着，虽然很辛苦但是也很快乐。

快结束时，很多小朋友，在家长的提醒下和我们说谢谢，也有很多小朋友们会过来抱抱我们，我们也微笑着和他们说再见，这个时候我们心里是非常幸福的。我还发现，有的孩子会非常渴望更多的人陪她玩，比如，我认识的小朋友小宇，她很喜欢跳舞，而且喜欢大家和她一起跳舞，有志愿者和她一起玩，但她喜欢更多的人陪她，很多次当我在陪其他小朋友一起玩时，她会把我和其他志愿者拉过去陪她一起跳舞，我深深地感觉到他们这些特殊的群体需要更多的关爱。

后来的活动也做得越来越好了，在加入蓝灯的这一个学期与小朋友们相处，不仅锻炼了自己的能力更是让自己精神上得到升华，帮助自闭症儿童做活动的老师们也很不容易，他们要用最大的声音最简单的方法来教会小朋友做活动，每天都会非常的辛苦。

成为一名蓝灯志愿者已经半年了，说不上有什么难忘的经历，和孩子们相处大部分时间真的不觉得他们有什么不同之处，和孩子们一起做游戏学画画学舞蹈，感觉很舒服很放松，相信在以后我们可以给小朋友们带来更多的快乐，也可以更多地锻炼自己。

感想三十三

作者：吴钰

不知不觉来蓝灯志愿团已经半年了，这段时间里，有过抱怨，有过懒惰，但是对我而言，收获的更多的还是友谊和感动吧。

参加第一次活动带的小孩子是叫镜镜，他是一个对数字和按钮很感兴趣的小朋友。还记得第一次带他的时候，我和搭档当时就一直追着他跑，他不是很愿意去和别的小朋友一起参加活动，他有自己的小世界。后面了解到，这是他第一次参加活动可能会有些不习惯，同样，这也是我们第一次参加活动带小朋友，所以也是一段很难忘的经历吧。

让我真正和这个小朋友结缘的是，后面的每次活动，我都能遇到镜镜，可能这就是缘分吧。到后面，他奶奶已经认识我和我的搭档了，也很信任我们，说希望我们带着他，还告诉我镜镜很喜欢我们，其实这个小朋友还是算有点调皮的，可是听到家长的肯定，就觉得每次带这个小朋友，真的是一件特别有意义的事情。直到现在，我都还是会固执地认为，这个小朋友就是我遇到的最可爱的小朋友没有之一。

从一开始的不愿意和我们独处总是想找奶奶到后面可以和我们玩得很开心，对双方而言都是一种成长吧，镜镜变得愿意和我们沟通交流，愿意去接受一些新鲜事物；我们变得更加的细心和耐心，学会照顾别人，传递爱心。与此同时，也认识了很多朋友，比如我每次的搭档，是一个很有责任心的搭档。

除此之外，让我觉得特别开心的就是我们创业部，一个非常有爱的集体，部长们对我们都在尽心尽力让这个部门办得更好，而部门的小伙伴呢，也都在一起努力，一起成长，就很美好。所以我想，蓝灯就是这么一个温暖而又可爱的大家庭吧。

感想三十四

作者：王佳

——曾以为是身为志愿者的我为你们带来温暖，后来才发现是你们的小小变化，带给我周六一上午的阳光，再后来发觉你们带来的阳光温暖了这一学期的我。

由于对自闭症儿童的了解仅限于知乎和"度娘"，所以第一次的活动我们带着好奇观察孩子们。孩子们与家长小手拉大手一位位地慢慢进入活动场地，我们小声讨论：感觉挺可爱的啊，挺正常的，好像与普通小朋友没什么不一样……带着第一次的疑惑，我们开始询问家长小朋友的姓名、爱好、早餐，领着自己带的小朋友参加活动。

就这样，第一次当志愿者的我遇见了第一次参加蓝灯活动的小傲。小傲有着乖巧的蘑菇头发型，小小的脸庞一直向着妈妈，我们小心询问阿姨小傲爱好，看着小傲十分害羞地躲在妈妈的怀里露出内敛的微笑，一直不愿意离开妈妈，我们也有些手足无措。但随着阿姨的劝说，小傲渐渐离开了妈妈的安全范围。

我们拉着小傲的手与他交流，慢慢地小傲打开了小话匣子，开始与我们做游戏，露出开心笑颜的他，可能看着这样的他我们可能比他还开心吧。与其他星星的孩子们不一样的是，小傲的情况比其他参加活动的小朋友们好很多，随着课程游戏一项项结束，小傲就发生一些变化。原本乖乖参与游戏的他开始要赖，身体像棉花糖似的一直想赖在地上，抱也抱不起来，甚至开始破坏游戏道具，我们在旁边一边收拾道具一边照顾放飞自我的小傲。就这样第一次与第一次的相识随着一声拜拜结束了。

有了第一次，于是有了第二次的主动拉手；第三次的主动问候：姐姐，我今天没有和你一起玩；第四次的默契合作。故事有些平淡，但每每回忆起都是专属于个人的小幸运。最好的祝福送给星星的孩子，愿你们平安长大！

感想三十五

【我与蓝灯的故事】

作者：蔡亚蒙

最初加入蓝灯，只是想以自己哪怕微薄的力量去帮助那些需要帮助的人，但这一学期下来，我对蓝灯有了更多的思考。尤其是最后一次总结大会，团长和老师的发言让我感触良多，我第一次看到一群有梦的年轻人真正为梦想去一起努力，蓝灯让我看到的不再是一个社团，而是"我辈"的力量，是这一辈年轻人奋斗样子。

感想三十六

作者：程好

大一刚进入蓝灯心中是十分喜悦的，能够被蓝灯选上是我的荣幸。在上一学期的活动中，大大小小的活动让我收获满满，让我认识了很多小朋友，也结识了很多朋友。不论是平常的活动还是部门的开会，还是蓝灯的团建，都能让我觉得我处在一个很温暖的大家庭里。大家都很好相处，也很有爱心和耐心，每个人都很好，都在为蓝灯做出自己的贡献。带小朋友是我们的主要任务。我记得我带过一个小女孩，她开始看都不看我，一直要妈妈陪她一块玩，后面我和伙伴费老大劲才带她去和老师互动，慢慢地她就愿意和我说话，也放开了许多。结束后她和我们再见的时候，她说，下次我还要来。就这一句话，不论多辛苦都值得，我们就是要带给她们快乐。帮助自闭症儿童，是蓝灯意义所在！八年星光，伴你同行。来年我们不见不散！

感想三十七

作者：侯璟萱

我开启大学生活的第一个决定便是去参加志愿活动，所以我义无反顾地去报名了蓝灯志愿团，因为志愿者在我的心里一直都是最温暖，最可爱的一群人。所以我想加入他们，让自己也成为他们中的一员。没过多久我便参加了第一次大活动，我的任务是照看一个小朋友，那也是我第一次接触自闭症儿童。我激动地上前去和她打招呼，但看着她一言不发，我瞬间就有点不知所措了，只好先带着她去做活动。到了活动要结束的时候，她的妈妈要带着她回家的时候，我和她告别时她依然低着头，在她妈妈领着她走到楼梯口的时候，她突然转过头和我挥手告别，我突然感受到了志愿者的快乐不就是那一个挥手吗，我们只要用心去温暖他们，那些小朋友也会用他们的方式来回应我们。我很开心可以加入蓝灯这个可爱的大家庭，我也希望今后我依然可以用我的热情去帮助那些小朋友，尽我的力量去做一位合格的志愿者！

感想三十八

作者：刘伟

在蓝灯的这些日子里，让我受益匪浅，既服务了他人，也充实了自己，虽然初进蓝灯，有些莽莽撞撞，却也在匆忙之中学到了很多道理，其实每个人都是自己独自生活，独自等待，独自改变。但是，其实不止你一个人在前行，还有很多志同道合的人，在陪你一起改变，在关爱自闭症儿童的同时，也在影响着自己，宇宙星河、烂漫生活、点滴温暖都值得我们前进，也希望我们同来自星星的孩子们一起使世界变得更加美好。"宇宙中的星星很多，难免会遗忘几颗，所以用坠落，证明自己来过。"加油，孩子们我们与你同在。

感想三十九

作者：彭懿

大一上学期在蓝灯志愿者服务的经历，我付出了自己的劳动和汗水，获得了真正的快乐，也对志愿者有了全新的理解和体会。

首先，我想要说的是，做志愿者不仅是在服务他人，也是在收获自己！通过活动锻炼自己的能力，在与小朋友交流的过程中，我了解了他们的想法和世界，并用更耐心的态度去对待他们。同时，让我与人沟通和交往的能力更上一层楼！自闭症儿童希望与别人交流，有人能够与他们玩耍，而不是被当成异类孤立起来，自闭症儿童就像夜空中最遥远的星星，永远沉寂在自己的宇宙，更让我知道，爱，可以点亮那一颗颗孤独的星！希望今后能够将志愿者精神继续发扬，成为一名优秀的志愿者。

感想四十

作者：吴优

参加蓝灯志愿团的时间里，我学习到了很多，感受到了很多，领悟到了很多，成长了很多……作为志愿者我们只不过是在尽一份真心，帮助家长们在每周六上午能够放松休息，让自闭症儿童因我们的陪伴而变得快乐。并且我们以尽可能治愈他们为目标，不断创新艺术课疗法，帮助他们慢慢地主动与人沟通交流，和正常的孩子一样享受自己的美好童年。

作为一名大学生，可以说蓝灯志愿团给了我最好的锻炼机会和实践舞台。突出的感受就是通过蓝灯志愿团，让我的眼界更加开阔，心灵更加清纯透彻，看着那些星星的孩子脸上挂着灿烂的笑容，我对奉献过程中得到的快乐感受也更加深刻。

感想四十一

作者：赵爽

加入蓝灯至今也有一个学期之久，三个月的时间说长不长说短不短，三个月却足以改变一个人，入团前的我对志愿者这种组织是半信半疑的，真心不求回报的付出在我看来是有些虚情假意的，可是当我进入蓝灯志愿团之后，我才发现只是我的心底过于阴沉，在蓝灯里的每一位成员都是饱含着真心，蕴含着热情。在这种氛围的感染下，我变得真诚，在这里每一次的活动每一位干事，用最炽热的热情，最充足的耐心去对待每一位小朋友。虽然这是一些不完美的孩子，可是志愿者的眼中流露纯洁真挚，欢乐与真情让我愧疚，也让我向上。一次次的活动后，我变得更爱这群孩子，越来越觉得幸福。社会的染缸无法让孩子心灵浑浊，孩子眼神的清纯述说着善良，有幸和这群孩子一起，每一次的玩耍也是对自己精神疲惫的放松。在给他们带来快乐的同时，也是对自己的洗礼。我深刻地理解了"赠人玫瑰，手留余香"。感激孩子，也感谢蓝灯的包容。在新的学期，我会用更加诚恳的态度去做好蓝灯的事情，让孩子更加快乐，成为孩子更加喜欢的爽爽哥哥！

感想四十二

作者：朱美

来到蓝灯的这些日子，很开心，很幸运，结交了一些好朋友，锻炼了自己，收获了成长。虽然途中也有遗憾，但难能可贵的是我从胆小害羞到积极大胆去尝试，学会了体验快乐，享受快乐，对于如何照看好小朋友也有了自己的一点想法。

第一次参加蓝灯的活动，是和一个搭档一起带一个小朋友。小朋友不太听话，在场地里到处跑，为了防止他出现危险，我和搭档紧紧跟在后面。过程是痛苦的，但结果是快乐的，小朋友离开之前，给我们俩抱抱亲亲，之前看护的辛苦都值得了，很开心！

这学期带的最后一个小朋友与其他相比，显得非常之怪，温暖爱笑，刚见到他的时候，就想去牵牵他的手，刚握住他的手，我就很想松开，因为太暖了！我的手实在是太冰了……不忍心冻到小朋友。我很难受，蹲下和小朋友说："你的小手好暖呀，姐姐的手很冰，不忍心冻着你，姐姐就抓着你的手腕好不好？"话音刚落，我就隔着衣服握住了他的小手腕，他反而挣脱开，用小手抓着我的无名指和小指，冲我傻笑。这一刻，眼泪就要掉下来了，我忍住了。

他真的是我带过的最乖的小朋友，也给我上学期在蓝灯的活动画上了完美句号。如果下次有机会再能带他，我会很开心，不能带他，我会替带他的志愿者开心。

感想四十三

作者：周宇

在初入大学时，我有幸加入了蓝灯这个温暖的组织，在团长部长的讲解下了解了关于自闭症儿童的情况，现如今我已深深喜欢上这个充满爱的组织。

班级工作遇到麻烦时，部长会给予我鼓励并提出建议给予我恰当的方法；因为事情冲突不能去参加活动时，我十分内疚，部长会帮我请假并安慰我这没事；当我第一次当音乐课小老师非常紧张时，部长会一遍又一遍的指导，并且课后夸奖鼓励我。参与的三次大活动，第一次、运动会和圣诞节，我们和小朋友欢歌笑语，看着小朋友和志愿者其乐融融的样子，看到家长们略带欣喜的脸庞，我愈发爱上了这个充满热情与爱的组织。

记得有一次我带的是一个第一次来参加活动的小女孩，她只有三岁，一离开妈妈就大哭，一进教室就哭着闹着跑，所以我们两个一直在教室外面单独玩，让她好好适应。刚开始她不让我牵也不肯搭理我，后来慢慢地她会主动跑过来抱我，来牵我的手，会叫姐姐，很小的身子，走的时候我说你下次记得过来哟，她害羞地笑了。

总而言之，感谢蓝灯带给我的温暖和感动，新的一年希望蓝灯越来越好，希望我也能在其中慢慢成长，学会更多的东西，成为更好的自己。

感想四十四

作者：金诗悦

半学期过得很快，很多意料之外，和很多意料之内的意外，回头看看，很多事是我从没想过的，却那么真实地发生了，志愿者这三个字，一直觉得离我挺远的，却没想到在大学里，就参与了这样的一个组织。半学期下来，有好有坏，总体来说，不负初心。

很多事不是我们自己可以决定的，加入蓝灯之前没有想过有一天，会对每周一次的大活动这么重视，也没有想过会因为小朋友一些小小的举动，开心得不得了，在蓝灯，从没有感觉到自己是一个外人，所有的事都可以解决，所有的人在一起都很开心，就好像一家人一样。没人会因为你的错而批评你，说你，大家会聚在一起，共同想办法解决。

很多时候会有好累，可能也想过要放弃，但到了活动开始的那一天，上好闹钟，翻身起床，又会带着自己最好的一面，去面对小朋友，带着自己的热情，和自己的力量，希望可以帮助到他们，哪怕只有一点也可以。

还记得第一次参加活动，很多事都不会，甚至都不理解自闭症是什么，所有的东西都在摸索、学习。第一次参加完活动，其实那天的感觉挺奇怪的，天气也还不错，可我却感觉不到，好像被什么东西堵住似的，我跟一起参加活动的朋友说："你说有用吗，这样，我感觉我根本帮不到他们什么，他们的父母，努力十年、二十年，可能才会有一点起色，我们，就一会，能有啥用？"

自己也想不出个所以然来，可后来的一次次活动，让我明白了——坚持。坚持才是最重要的，如果你只参加几次，几十次，有什么意义，重视每一次活动，每一次都带着饱满的热情，其他的，都不重要。后来，这个问题再也没有出现在我脑子里，我想这也是我这半学期收获最大的地方。

每次的活动，对每一个小朋友的熟悉，就是我这半学期最值得骄傲的，带过的每一个小朋友，我都知道他喜欢什么、害怕什么、这个小朋友有什么习惯、该用怎样的态度去对待他，我都可以牢记于心，每一次的活动，时间都过得飞快，每次感觉还啥都没干，就结束了，细细回想却又那么充实。

这学期的活动我收获不少，很多事是我从来没接触过的，虽然都是从头学起，我却也收获了不少经验，知道了该如何冷静地去对待一些突发的状况，"你如果认真对待一件事，不论如何，你都会收获到一些，即使有些时候连你自己都察觉不到。"而我现在更深刻地理解了这句话的含义。下学期，我希望会更好，带着更充盈的热情，去面对每一次的活动。

感想四十五

作者：陈珂泓

星光熠熠，白驹过隙，我成为蓝灯这个大家庭的一员也已经一学期了。在这一学期里我和小朋友之间也有着精彩的故事。

初来乍到的小朋友对于陌生的环境会带着恐惧，适当的适应会让他们放飞自我，解放天性，和你成为朋友。特别是在活动结束的时候，他们会将自己手里的小零食分享给我们，或者抱着你给你亲亲。那一瞬间就感觉自己这一上午的志愿活动不算白费。结束之后家长们也对我们表达出了真诚的谢意，特别感谢我们能组织这样的活动，来帮助他们。

在活动中，有些小朋友会很活跃，整个场地地探寻世界，也有那种特别安静，沉浸在自己世界里的，他们真的很安静，有时候不是他们不理你，而是自己在思考。我真心地希望每个小孩都能快乐、开心、无忧无虑地成长，来面对长大后的世界！

感想四十六

作者：陈美司

蓝灯第一次大活动的时候我也接触到了我带的第一个小朋友，阿姨告诉我他是第一次来参加活动，想带他出来认识更多的小朋友。

当我走到他面前，他摘下口罩，他显然对我的出现十分不知所措，一直摆手忙着拒绝我的样子也很令我难过，把他带到规定的场地上课是我和他妈妈共同完成的，他牵着妈妈的手，我陪着他们。

"你和姐姐一起去上课好不好""你可以坐姐姐旁边吗""姐姐可以牵你的手吗"我一直重复着这些话，他也一直用摆手来拒绝我，也不断地往后看来确保妈妈还在身后。直到快上课了阿姨才悄悄走开，他也不再拒绝我，可以乖乖地待在我的身边。

音乐课他可以和我一起唱歌，美术课我询问他他也会告诉我他更喜欢的颜料的颜色和笔的大小，活动课他更是想要我牵着他走过一个一个的小木桩，课间活动我带他去找妈妈，他也可以在快上课的时候乖乖地牵着我的手自己过去，不再需要妈妈。

最后的大合照结束后他妈妈在收拾他的包包，"乔乔要走啦，可以抱一下姐姐吗"，我蹲下来等着他，他也毫不犹豫地回应我，我得到了那一天最有成就感的礼物，即使他的口水蹭了我一身。

感想四十七

作者：冯欢

这一学期我带过很多个小朋友，有很闹腾的，也有很听话的，可可爱爱的……印象最深的是那个叫作傲傲的小男孩。他特别聪明，也很听话。我们一起完成了蓝灯运动会的活动，他可以独立完成各个项目，不需要任何人的帮助。在活动课中他向我们唱"你笑起来真好看"，并且很快地学会了动作。他和我们一起在操场上赛跑，一起完成活动项目，然后自豪地把奖状展示给妈妈看。最让人感动的是，当我们说要坐在操场上休息的时候，他自己默默地起来，然后让我们都不要动，他绕到我们身后给我们捶背，然后说姐姐辛苦了……那一刻我先是很惊讶，随即而来的就是感动。活动过程中看着他们有一点点的改变就真的很开心。

感想四十八

作者：高毓彤

在这半年的时间里，我跟同一个小男孩相处过三次。这个小孩子长得很好看，眼睛长得比女孩子的还好看，他很可爱，很安静，但是却不喜欢人多的地方。

在上活动课的时候，他抵触，一直回头哭着找妈妈，我看到他在跟父母相处时喜欢捏他们的脸，这个时候他是很开心的，可能是在用这个方式表达喜欢。在上美术课时，我在后面圈着他教他画画，他突然转过身来，爬到我身上，一边笑着一边捏我的脸，我看着他的眼睛，他一直在笑，也没有找妈妈了，他可能也是在表达对我的喜欢吧。他来捏我的脸我特别开心，觉得我们变亲近了许多。后面玩游戏时，他会紧紧握住我的手。

在跟这个小男孩一起活动时，我心里是开心的满足的，我觉得即使这些孩子天生有自闭的缺陷，却也是上天的宠儿，也会得到很多很多爱。

感想四十九

作者：黄晶晶

从第一次加入蓝灯志愿团开始，我很喜欢这个活动，并且我也很喜欢小朋友，我希望可以通过自己的努力能给小朋友们带来些许变化。从我第一次带的一个小朋友说起，她是一个女孩，那是我第一次接触自闭症的孩子，但是那个女孩给我印象很深，她无时无刻都得妈妈带着才可以，她一离开妈妈的怀抱他就要哭，我当时真的束手无策，我不知道该如何才能让她跟着我们一起和老师一起参加课堂活动，我用尽了方法，不停鼓励夸奖她，她慢慢地愿意和我们交谈，甚至和我们击掌，我很开心。但后面我们带着她参加游戏，她依然是自己跑到角落，然后哭，看着她那样其实我感觉到揪心地疼，后面我陪着妈妈和孩子在校园里转悠，希望可以让孩子开心一点，我和妈妈聊了许多，得知了母亲的不易，陪着孩子去上幼儿园，自己每天的生活就是围绕着孩子转，我觉得真的很辛苦。后面的活动我遇到一个男孩，那个男孩子很可爱，我很喜欢他，我记得他的名字叫小宇。我带了他好几次，回想第一次，我记得他拒绝和我说话，我怎么与他交谈他都不搭理我，自己一个人闷着不说话或者美术课他也自己画车子，说实话画得还蛮好的。后来第二次我又带他，我问他："你记得姐姐吗?"他说记得。第二次再带他，我感觉他变化很大，他愿意与我交流，甚至我说什么，他也可以回我几句，真的很开心，能很明显地感觉到他的变化。第三次也就是最后一次大活动，我又带了他，我问他："你还记得姐姐吗?"这一次他毫不犹豫地说记得我，甚至牵着我到处走，说实话真的好开心，我感觉到了被肯定的感觉，我也希望他可以越来越好啊，看到他一点一点地变好真的很开心。每次他们离开，我都希望能得到一个拥抱，我觉得他们的一个拥抱让我很知足甚至很开心。我希望未来的时间我可以通过自己的能力、自己的时间，可以照顾更多的小朋友，甚至可以让每一个小朋友越来越好，越来越阳光。我希望我与小朋友的故事一直没有终点，我希望可以照顾更多的星星孩子，用我的能力去改变他们些许。

感想五十

作者：刘强

转眼在蓝灯就待了4个月，在蓝灯带的小朋友都有自己的性格特点。刚加入蓝灯的时候我对自闭症并不是很了解的，后来成功进入蓝灯后我就记下来要去了解自闭症到底是什么。在最后一次活动的时候我带的小朋友是个很漂亮又很可爱的小女孩，她很聪明，他奶奶说中文，她会说出对应的英文。她很喜欢唱歌，整个活动中她都在唱歌。在活动中途，我和她奶奶交谈了很多，也在那短短几分钟对她有所了解。她奶奶说她的英文是自己自学的，并且她很喜欢唱歌。但是很不幸的是，她是自闭症。她奶奶说因为家里情况不好，面对自闭症学校高额的学费全家人也很心痛，她奶奶说她最大的希望就是她以后的生活能够自理。这一刻我真正觉得我们这个组织的意义重大！我真心想在蓝灯这短短的时间里尽自己所能做志愿者的工作，让更多的小朋友走出自闭！

感想五十一

作者：武婧

不知不觉，上半个学期过去了，我们蓝灯也举办了很多志愿者活动，通过与小孩子的接触，让我学到了也明白了很多事情。在第一次活动中，我带的小孩子比较小，是话都不会和你说的那种，但是他很乖，也可以看得出来他和我们在一起很开心，虽然看到妈妈就会去奔向妈妈，但在我们的制止下他也会尽量去和我们接触，我还记得他在台子上拉着我跑来跑去，虽然会很晕，但是看到他很开心的样子，猜测可能这就是他表达自己开心的方式吧。抱着他的时候他也会很乖，当他趴在我肩上的时候我真的觉得累根本不算什么。看着他很可爱的样子，自己也是很开心的。到最后将孩子交给家长，家长也是对我们十分感谢，这才体会到家长们的辛苦。在蓝灯的每一次活动都收获满满，希望我们蓝灯越做越好！

感想五十二

作者：毕瀛心

在这个学期的活动中，使我印象最深刻的还是第一次活动。那是我第一次带小朋友，也是第一次接触自闭症儿童。那一天我早早地来到活动场地，紧张的等待着我负责的小朋友到来。我还依稀记得我当时的感受，虽然我口头听过，也自己查找过有关自闭症儿童的资料与事例，但毕竟没有亲身实践过。眼看着其他志愿者都领到了自己的小朋友，音乐课马上就要开始了，我的小朋友还是没有到，我此时此刻感觉自己真的就像是孩子的父母般焦急的等待着。终于，在上课前一分钟左右，我看到她的妈妈牵着她的手跑了过来，我松了一口气。通过和家长的沟通交流，我了解到孩子的情况，她的名字叫橙子，语言表达有障碍，还比较认生。沟通完毕，我告别了家长，牵着橙子去做活动。起先，橙子真的就像她妈妈说的一样非常认生和害羞，一直躲在妈妈背后，怎么叫也叫不动，带着她做活动也是行为比较呆滞胆小。于是我便尝试举起她的双手，慢慢引导她、鼓励她。终于伴随着音乐课小老师的舞蹈和歌声，橙子慢慢地动了起来，在原地蹦蹦跳跳，还鼓起了掌。有了音乐课的基础，橙子慢慢对我敞开心扉，在活动课和手工课上，完成得都很好，还会主动牵我的手，有时甚至会拍打我的手或者用脚踢我，我知道，她这是高兴却不知道怎么表达。下课后，橙子带着她的小作品牵着我冲向妈妈和她妈妈对我表示发自内心的感谢时，我感觉一切都是值得的，原来我也可以做得很好。这次活动让我体会到了自闭症儿童父母的艰辛，也让我明白了志愿服务的重要性，还积累了经验。从此以后我下定决心尽自己最大努力让"来自星星的他们"感受到全社会对他们的关爱，平等对待他们，尊重他们。也让社会上更多人了解自闭症，关爱自闭症儿童，一起共同努力！

感想五十三

作者：张瑀萱

亲子运动会的那天，发生的一个小故事是我这学期最难忘的。那天我带了一个特别乖的小星星，但是小男孩嘛，总会活泼一些，我们三个志愿者在陪他跑了一会后就坐下休息了，突然感觉肩上有一个小小的力，回头一看是一个小小的身影，谁也没有想到，他悄悄地来到我们的身后，用他小小的手轻轻地给我们捶肩。我转身对他说，"姐姐太感动了，谢谢你呀"。他笑着对我们说"谢谢姐姐"。那一刻感觉自己的疲惫一下子就消失了。阳光确实很暖，星星也会闪光，我也始终相信小星星们会一天天地好转，并且幸福、快乐。

感想五十四

作者：郑淏

记得那是第一次蓝灯的活动，也是全体蓝灯志愿者的新学期第一次大活动，我原本带的小朋友，请假而没有来参加活动，部长跟我说，"你就随便看哪里需要帮忙你就赶紧去那里帮忙"，过了一会儿活动部部长就说有一个小朋友，女孩子有点带不了，因为他过于活泼，甚至人送外号"霸道总裁"，可想而知他的性格是有多么得霸道和不讲理，刚开始跟他接触的时候，我们俩之间的交流就只有我追他和他打我这两种简单的方式。因为小朋友表达的方式可能有些过激，我还是一遍遍稳定他的情绪，直到出现了画笔，他马上安静下来向我示意他想画画，我便马上给他拿来画笔，拿到画笔后的他马上就安静下来，开始认真地、仔细地去按照老师的教法，一步一步地去画，眼神是那样的专注，也就是在陪他一起画画的过程中，这种无声的交流和陪伴，他对我放下戒心，并让我跟他一起画画，一声又一声的"哥哥，你看我的"，让我感到今天一上午的劳累是值得的，在把孩子交到父母手里的时候，我对他的妈妈说，性格虽然很皮，但是他真的很喜欢画画，一定要多多地培养。是啊，尽管他们是在认知能力上与我们有一些不同，但他们跟我们一样热爱着这个世界，我们没有理由不去发现和发掘他们身上那些更加具有意义的闪光点。

感想五十五

作者：常莉莎

　　这半年的大学生活飞逝，各种各样新鲜的人事物让我的生活丰富多彩，而其中最闪烁的无疑是每次和星星的孩子们相处的时光，加入了蓝灯这个温暖的大家庭，我感觉这段美丽的时间更加温柔舒适。

　　眨眼间，我从一个紧张面试的"带娃小白"成长为一个经验丰富的小能手。从蓝灯面试通过后的第一个任务——观看有关孤独症的电影，通过《海洋天堂》我开始一步步地了解星星的孩子。一次次生动有趣的活动，一次次与星星的孩子的近距离接触，我更加了解并善于与他们交流。我印象最深刻的一次活动是蓝灯运动会，因为我要带的小孩子请假了，我们就在丢手绢小游戏的地方帮忙，于是乎玩了一上午的丢手绢，和小朋友们你追我赶，他们的笑声让我忘记了什么是累，直到活动结束拍拍身上的灰，才感觉一上午时间已然过去。我在每一次活动中都有不一样的收获，面对小朋友我更加细心、耐心，想方设法地逗他开心，引导他参与活动，希望可以放大自己的那一点光和热，让小朋友和家长都可以在我们的帮助下拥有一个不一样的星期六。每次活动完看到孩子们脸上的笑容，感受他们小手的温度，那一句谢谢姐姐，我知道一切辛苦都值得。

　　才思泉涌网络部！一个温暖的代名词。在QQ组的我，从开始对写推文抓耳挠腮，经过部长们的指点修改，到后来顺利地写出没有大问题的推文。写推文是一个回味活动的温馨过程，写作语言组织能力提升的同时，个人情感仿佛也得到升华，太喜欢看到小朋友的小胖脸啦！最后不得不提的是蓝灯的圣诞晚会，一起排练小品让我们变得更加团结亲近，排练时的欢声笑语认真严谨，换来了舞台上的顺利演出，虽然略显尴尬，但是没关系，"加油，奥利给！"新的一年网络部冲呀！

感想五十六

作者：傅麟涵

这是我加入蓝灯的第一学期，这学期收获颇丰。以前我是一个特别没有耐心的人，但是每次参加活动，看到那些小朋友的时候，就会让我特别有耐心地对他们。当看到他们开心的时候自己也会觉得有一种满足的快乐。但是当看到他们难受但又无法表达时，自己内心真的是特别难受，就是特别想尽我所能为他们做点什么。所以我认为这不仅是让孤独症儿童成长的地方，也是让每一个小干事成长的地方。同时在加入了网络部后，也锻炼了我的写作水平，每一次的推文都要尽可能做到比上一次有进步。这样也是丰富了我的课余生活，学到了很多之前都没有学到的技能，同时也加强了我的沟通能力。最后一次的圣诞活动让我觉得我们就像一个大家庭一样，谁都离不开谁。大家相聚在一起展示着自己的特长，每一个人在灯光下都是如此闪闪发光，因为在这样华丽精心的表演下是他们一次又一次在忙里抽闲，努力发挥到最好。我相信接下来的活动会给我带来更多难忘的经历，特别感谢能够进入这样一个充满正能量，积极向上的组织。

感想五十七

作者：胡仁发

初次认识蓝灯这个名词就是在武汉纺织大学，大一要参加社团，我因为班助是蓝灯志愿团团长的缘故，就加入了蓝灯。加入的初心是因为参加社团可以有学分拿，我也喜欢和小孩子玩，就这样，我就加入了蓝灯大家庭。

蓝灯面试时我填报的志愿是活动部，当时我以为只有活动部才能参加蓝灯活动，才能和小孩子接触，我的想法是来这个社团就是想陪小孩子玩就选了活动部。但是，事与愿违，我没去到活动部，却来到了另外一个温暖的、更适合我的小家庭——网络部。

我当时在填报志愿的表单上的兴趣爱好一栏随便填了个写作，然后烨哥面试了我，我就这样进入了"才思泉涌网络部"！在部门内部分组时，当时听说了微信平台可以学习排版时，我就选择了微信组，当了微信组组长。后来万万没想到的是，这微信组发送推文是如此"折磨"人，如此"磨炼人的意志"！

简单说一下我们微信组发推文的"苦不堪言"的过程。首先，要在周六早上活动结束后绞尽脑汁写一篇美美的推文；然后，要用计算机在文章编辑器上费尽心思排一个美美的版式；最后，要给管理微信公众号的上上上届团长打一个美美的电话。要这样，微信推文才能发出去让大家看到。

发推文的过程中还有很多烦琐的事，比如说，计算机排版要花费时间和心思才能排出好看的版式来，排版内容加图片也要一张一张地从存到计算机上，每张照片再用不同的样板放上去，文字也需要一段一段地拆开用不同的样板，然后调整首行缩进、字体大小、字体颜色等，排版过程中加标题、正文、分割线以及最后二维码的放置，都需要认真细心地去慢慢调。我有一次排版排了三十多分钟，然后计算机卡死机了，重启后排好的版全都不在了，又重新排版，但感觉没刚才排得精致了，这让我感到很沮丧。还有一次是蓝灯八周年的推文发送，要上传蓝灯八周年纪念视频，我搞了一个早上才弄懂怎么把视频链接弄到排版上，我下了个腾讯视频软件，上传视频后发链接，上传视频也遇到事故，第二天才上传成功，本来文章预览时可以播放的视频，推文发出去后却不能播放了，最后只能把那个弄了三天的推文给删了。排好版了要发出去也是个大难题，因为每次发微信推文都要登录微信公众号，而蓝灯微信公众号的管理人是上上上届团长，每次登录都需要他扫码，发布推文需要再扫一次码，每次发推文都要发个二维码给学长，然后打个电话给他，然而学长也不是个闲人，发一次推文要等一些时间才能登得上去，有些时候打了电话学长没接到，推文就发不了，而且每天只能发一篇推文，如果推文内容有误还得再找学长扫码才能修改。这就是微信组的苦衷。

我们微信组内部是很和谐的。刚开始还没定写推文顺序的时候，我安排谁写推文大家都很配合，我说一些事他们都会很认真地听。还有比如当天负责发推文的同学恰巧有事的话，在微信组群里说一声，谁有空谁就会帮忙排一下版，帮忙发一下推文。蓝灯晚会时，网络部没节目，我在微信组群里说了一声，微信组的成员都积极响应，和几个其他平台的成员一起完成了一个小品节目。刚开始，我们微信组的推文内容很"水"，因为觉得微信组推文应该正式严肃一点，就形成了一个推文模板，每次都用这个模板去套，每次都是毫无水平、毫无内涵的文章。后来在一次网络部小会上，韩佳晨团长批评了我们微信组的推文内容和排版，我们都记了下来，在下一次的微信推文里，我们摒弃了之前的推文模板，放开地去写推文，推文排版也认真用心地慢慢地排，就这样，我们微信组的推文质量就提升了，微信组也更加优秀了。

我还是美术老师，轮到我有活动那周都要提前去办公室准备材料，然后再按提前写好的策划来上课。美术课不像活动课音乐课那些课程一样气氛活跃，想让小朋友们安静地坐下来好好画是有点难度的，但是一般都是我来讲课，美术课辅助老师就比较受累，需要到处跑，四处看，去亲手指导小朋友画画，所以美术老师也都不容易。

后来，我加入蓝灯的初心也由加学分变为了想为自闭儿童做一些事情，想进入他们的世界，打开他们的心扉，让他们融入这个温暖而充满爱的世界。而我也因为加入了蓝灯志愿团成长了不少，学会了自己解决问题，学会了策划方案，学会了与别人交际等。下学期我会更加努力地为蓝灯服务，认真负责对待蓝灯志愿团的活动与交代的任务，为把蓝灯建设得更好而贡献一份力量！

感想五十八

作者：姜昕玺

一个学期过得可真快！还记得第一次接触蓝灯，是开学第一天报道在学校食堂对面看到的蓝灯义卖，旁边还有关于自闭症儿童的介绍，当时匆匆一眼，现在的印象中只有记得所卖物品感觉很有创意并且很精致。之后，就是在军训期间的招新了，我的室友推荐我说感觉参加蓝灯很有意义，而且我当时也不知道该选什么，就抱着试一试的心态去了蓝灯的面试。到了那里感觉气氛真的很严肃、正式，我好久都没有那么紧张过了，是真的感谢部长让我进入蓝灯，来了网络部。

第一次的大活动让我印象十分深刻，那个小朋友外表看起来与正常儿童真的毫无区别。但是我跟他说话，他却不会理我，看着一个方向，沉浸在自己的世界中。这使第一次接触自闭症孩子的我头脑一片空白，幸好有伙伴一起，我们牵着他的手跟老师一起上课。三个小时感觉一会就过去了，当时还处在兴奋状态，回去才觉得有些累，但很有意义。慢慢地，参加了一次又一次的蓝灯活动，带小孩也越来越有经验，关于 QQ 推文在部长和向茜的帮助下也越来越得心应手，真的特别感谢他们。其实我认为这些孩子很有他们自己的想法，而且在某些方面会比正常孩子更擅长。真的希望他们能变得健康起来，不负父母的期望。而且在活动的同时，我还认识了许多好朋友，从他们身上也学到了好多东西。

蓝灯一定会像我们的期待一样变得越来越好，能帮助更多的孩子！

感想五十九

作者：柯浩泽

在过去的一个学期里，从军训时在蓝灯的面试到最后一次年终总结的大会。在这一段时间里我不仅学会了很多无法在课堂或课本中学到的知识，还认识了一些新的朋友。

第一次参加活动的场景依旧历历在目，在一次次参加活动中我从第一次带小朋友时的手足无措到逐渐熟悉再到轻车熟路。在参加活动后几次写推文的洗礼，我也从第一次对推文感到无力再到对推文手到擒来。加入蓝灯志愿团不仅充实了我的课余生活，锻炼了我的文笔，更是让我变得更有耐心。当手工课小老师也同样让我变得更有创意，也锻炼了我的动手能力，也许在加入蓝灯前的初衷是为了学分，或者是身边的人都参加我也想去。但是在经历了一次次活动，看到小朋友脸上洋溢出的灿烂的笑容，我知道我的初衷发生了改变。我很享受在陪伴小朋友一上午后，小朋友笑着对我说："谢谢哥哥。"给我带来的成就与感动。

很庆幸加入蓝灯，不仅让有意义的事情充实自己的课余时间，在锻炼了自己的同时还帮助了他人。在已经到来的 2020 年，我将会继续努力，为蓝灯贡献自己的力量。希望蓝灯在 2020 年能够越来越好。

感想六十

作者：覃林玲

时光如水，转瞬即逝。转眼间，我已经陪伴蓝灯走过了 2019 学年。回想这短暂的半年，我颇有感触。

还记得刚加入蓝灯的第一次活动，刚刚接到小朋友。没有带娃经验的我只得跟着孩子满圈的跑，生怕他磕到了碰到了。慢慢地，随着几次小活动的学习，我逐渐掌握了孩子们的脾气，学会了与小朋友正确的沟通方式，学会了带领小朋友跟着老师上课，学会了安抚小朋友的情绪，学会了在每个星期六的上午回归童年，与小朋友们一起享受快乐！

在与家长们的交流中，我了解到许多小朋友并不是武汉本地人，而是专门为了让病情好转，选择到武汉来。有的一家人来到武汉，爸爸妈妈每天上班养家糊口，奶奶就负责带小朋友。他们也生活得十分艰难。这些来自星星的孩子他们有自己的想法，他们极其想要融入大人们的世界，但由于各种障碍，使得他们像星星一样，与众不同。我了解到，有的孩子在蓝灯的帮助下有了很大的好转，我想，也正是因为蓝灯如此优秀，才有越来越多的家长选择把孩子带到蓝灯来学习。蓝灯就是这样一个有意义的团队，我们一起成长，一起发展。

身处在网络部，我的任务就是积极参加每一次活动，认真写好每一次推文。让越来越多的人了解蓝灯，支持蓝灯！时光不老，我们不散！我相信，在我们共同的努力下，蓝灯一定会越来越好，一定会有越来越多的小朋友得到康复！未来可期，我，一直在蓝灯！

感想六十一

作者：唐龙

来到大学，来到蓝灯已经半年了，这半年的大学生活让我学到了很多之前十八年都不曾涉及的知识。

首先，加入网络部的我学到了怎么去写一篇规整的推文，怎么和小组的其他成员相互配合，共同分担任务。其次，在每次的活动中，我几乎都在跟小朋友们零距离接触着，让我从一开始时的那种拘谨和不知所措，成长到现在可以在每次活动中独当一面，变得更加沉稳、有耐心、有方法，知道怎么去处理问题。在几次团建中，我也认识了许多朋友和对我有帮助的、优秀的人，我感到非常幸运。在蓝灯的这段日子，其实也算是对社会的一个初步的接触，每次活动中来参与的小朋友和他们各自的家庭，总是能体现出人情冷暖，在这其中我也看到了许多，让我对未来的环境能有一个更清晰的认识。

总的来说，加入了蓝灯志愿团是我 2019 年下半年做得最正确的选择，让我的大学开端没有被荒废，在做一些有意义的事情让自己充实起来，成长起来，同时也是为社会贡献出了我的绵薄之力。

希望在来年，我在蓝灯能够做更多的事情，为更多人带去温暖和关爱，也希望蓝灯能够越走越远，越走越好。

感想六十二

作者：向茜

还记得第一次活动前自己紧张了好久，生怕自己带不好小朋友，结果那次活动我分到的小朋友并没有来，当时就只好跟着活跃气氛、收拾场地，第二次才真正带到小孩，后面每次带的小孩性格都不太相同，有特别活泼的，一直在不知疲倦地到处跑，有特别安静的，几乎不和你交流，只有看到家人才会说几个字，有特别喜欢吃小零食的，嘴巴不停地嚼着各种东西，有你抱着他快步跑他会高兴到咯咯笑的，有很喜欢男孩子上去就求抱抱的，有在手工课上倒头就睡着在你怀里的，也有一激动就大喊大叫打自己的。

他们跟普通的小孩相比，都没那么会表达，不太能跟外界很好地沟通，但是他们也是能感知到我们的善意的，他会跟我们说谢谢，会在走前给我们个抱抱，跟我们招手告别。

他们生下来就不同，他们需要更多的关心和爱，我们要做的就是尽可能地给予他们爱和温暖，并且帮助他们更趋向于普通小孩，最后能更好地表达自己、学会沟通、适应正常生活。这是我们美好的心愿，也是我们为之努力的目标，嘴上说着终归是空泛的，但是是真的想为他们过上普通孩子的生活出份力，因为偶尔想到他们离开亲人后无法正常生活真的会感到心酸但无力。这学期在蓝灯收获了很多，期间有过懈怠，但是最后还是坚持下来了，希望下学期我能够做得更好吧。

感想六十三

作者：谢安思

时间过得很快，想着2019年的9月还在军训的时候满心热情地想要参加志愿类的活动，想着可以改变自己，认识别人，于是我参加了蓝灯的面试，并且通过了，成了其中的一员。

在参加活动的这半年里，我认识了部门里的伙伴，也遇了很多可爱的小朋友，和他们在一起玩耍上课就会想到从前小时候的自己，我想这些小朋友和我们的差别就在于沟通方面。我记得我带的一个小朋友，他很可爱并且非常有活力，他是奶奶带他来的，可以看得出家人对他是非常用心的。再后来几次没有带小朋友和家长聊天的时候，他们所说的生活琐事，花费的开销让我有深深的无力感，但是她们一说到所付出的有回报，他们的孩子在改变的时候脸上露出的笑容会让我感到一点安慰。但总的来说我还是不断地被深深的无力感包围，几次活动之后更是如此。虽说做公益在一开始会带给我自我满足感，感觉到被需要，但是这种感觉在逐渐消失。在倒数第二次的大活动的时候我看到了蓝灯的视频，我看到了点点微光所结成的力量。但是于我而言还是很遥远。

这半年内我所收获的，所感知的很多。我想加入这个团体，接触所谓的特殊人群来感受人间冷暖，我感觉到了，我也能理解到志愿者这个词的重量。希望在新的一年里我可以改变我的想法。

感想六十四

作者：张思宇

不知不觉一个学期已经过去了。第一次参加活动前的惶恐与不安仍然历历在目。我害怕自己不能带好小朋友，怕他们不喜欢我。当我从家长手中接过小朋友时内心特别慌张，甚至有点手足无措，我不知道在课前应该怎样去与小朋友交流，怎样与他显得更亲密一些。之后在带的过程中慢慢摸索出了一些自己的小方法。但隔了一个星期我再一次参加活动，我发现我又不会带小朋友了，直到活动快结束我才摸索出怎样使他开心。那时我心里在想时间怎么这么快啊，我都还来不及逗他。最后一次小活动时，我带了一个小朋友，我主动提起跟他玩石头剪刀布，还有搓橡皮泥比赛，他当时一直在跟我笑，我当时心都快被融化了。

推文方面，记得我的第一篇推文，被部长们指出了很多需要改进的地方。刚开始就不知道需要怎么去写，可能有时候一个词我要钻研很久，所以刚开始的时候写文章效率挺低的。后来就看微博以前的推文，还有其他平台的推文是怎么写的。然后就琢磨出了一点套路，之后写文章也顺利了不少。

总之，蓝灯这个大家庭我很喜欢，网络部部长和干事都超级好。唯一不足就是网络部这个学期没有团建，有些人我还没认全。

下个学期继续努力，认真负责，为蓝灯贡献自己的绵薄之力！

感想六十五

作者：包睿

进入纺大的第一个学期，我加入了蓝灯这个大家庭，现在回想过来，回忆满满，收获满满。刚开始加入蓝灯，是因为喜欢志愿者这份工作呀，但是更多的是想锻炼自己。自己本就是个不太习惯跨出第一步的人，但总是要改变的。参与了许多活动，接触了那些孩子，我迈出了很多个第一步，对我来说是个进步。

我收到的任务是带孩子，本来以为带孩子是个难事，本以为自己会难以沟通，但却不然。孩子们乖巧懂事，在我看来，确实比我想象中的要顺利。很庆幸，这个活动让我多了一份责任心，也加强了我的沟通能力。再后来，我被分配去摄影，去当手工课老师。拍照确实是个让人开心的事情。透过小小的镜头，我看到了一张张洋溢着笑容的脸，那是孩童时期最独一无二的笑容，天真烂漫。这让我更加坚定，我要拍下一个个美好的瞬间。作为手工课的老师，我要做的计划方案，交小朋友做手工。这其实是个绞尽脑汁的任务。想方案需要结合小朋友的接受程度还有趣味性，确实不简单。印象最深的是有一次提出了做水果蔬菜的方案，被采取了。真的很开心，自己的提案被接受了。接下来的很多提案也由此多采纳了我的意见，这是对我的肯定，让我更加有了动力。

一次次大活动小活动，一个个快乐而又美好的瞬间，短暂的一学期也随着最后一次圣诞晚会而结束。我们宣传部的小表演让我十分难忘，这又是让我迈开一大步的活动，上台跳舞，以前一直不愿上台的我做出了改变，让那晚的活动更加意义非凡。感谢蓝灯，我做到了我本以为做不到的事。感谢蓝灯，让我遇到了那些工作伙伴和有趣的部长。愿下学期的我更加负责，愿蓝灯团队日益壮大。蓝灯与我同在。

感想六十六

作者：高园

俗话说"孩子是祖国未来的花朵！"所以他们需要我们的关心与呵护，同样的"星星的孩子"也更加应该得到并且需要社会的关心与呵护。身为蓝灯志愿团的一名干事，我认为"星星的孩子"和普通孩子一样可爱，他们也有和我们一样的生活权利，可能和我们大多数人的生活方式，生活习惯不太一样但是我们也应该去接纳他们。让我们伸出关爱之手尽自己的力量去帮助他们吧！我坚信"赠人玫瑰，手留余香！"

以前只是听说过有关自闭症儿童的信息，但从未跟他们有过接触。大家把这些患自闭症的孩子们叫作"星星的孩子"，犹如天上的星星，一人一世界，独自闪烁。不盲，却视而不见；不聋，却充耳不闻；有语言却很难与你交流；有行动却总是与你的愿望相违。我觉得他们是一个个特别的存在，都有自己独特之美。虽与他们相处虽然有点吃力，但一学期活动下来，收获颇多。

想想刚加入蓝灯时只是为了加学分，让大学生活过得更充实，慢慢地一学期下来，我觉得待在蓝灯这个大家庭很开心，慢慢地学会了与小朋友相处，不再埋怨星期六早起，不再埋怨小朋友难带，只觉得每个星期六的上午十分充实，学习到了很多。自己的性子就挺慢热的，不愿意主动和别人相处，也不愿意主动发言，不喜欢在群里接话，慢慢的我发现大家也不说，然后群里冷清清的，最后被评为最闷的部门。但圣诞节那次活动，我们大家都表现得很好，更多地了解的对方，也能使气氛活跃起来，发现我们部门并不闷，只是大家没有接触，相处起来都挺好的。最后我觉得我们宣传部的两个部长都挺可爱的，没有什么架子，待在这个宣传部挺开心的。我希望下学期宣传部能越来越好！蓝灯越来越好！

感想六十七

作者：刘怡晗

加入蓝灯已经有半年了，大大小小的活动都让我收获到了许多，电影《志愿者》中有这样一句台词："一个人的一辈子有70年，如果把七十分之一的时间拿出来做一件有意义的事情，那么人生将更加美好。"初入大学其实也是比较迷茫的，没有高中的那样明确的目标和压力，想想这半年做过最有意义的事情就是进入了蓝灯这样一个组织吧。说是组织倒不如称之为一个大家庭，大家抱着同样抱着对于自闭症儿童的关爱进入了这样一个组织，从陌生到熟悉，虽然咱们部门的同学可能都和我一样比较慢热，但是大家真的都很可爱啊，之后也要努力加油，继续陪小朋友玩。其实我觉得每周这样的活动也并不是牺牲时间，而是充实自己，陪陪小朋友填充他们的童年其实也是对我们的一种净化吧。

这样一个成立八年之久的组织确实体系也很完善，不至于让人手忙脚乱，大家都知道自己要干什么，而就我们部门的重点负责的事情而言，我觉得还是可以更加完善的，我得自我检讨自己的不足，拍照技术确实得提高。

俗话说活到老学到老，提升摄影技术这条路还很漫长，我觉得下学期我一定要拍一些高质量的照片，给蓝灯长门面。

感想六十八

作者：毛天舸

我是武汉纺织大学伯明翰学院的大一学生毛天舸。我在大学的第一学期有幸加入了蓝灯志愿团的宣传部，对于我来说是一件很开心也很有意义的事情。在这之前，我不是很了解自闭症儿童，当我慢慢加入蓝灯之后，我才开始了解这个小众群体，我知道了他们以及他们父母的不易，也让我想要用自己的一份力去帮助他们。即使是很微不足道的帮助。在我参加第一次活动后，虽然那天我感到特别累，但是我看到自己拍到的照片里，由志愿者和孩子们组成的一张张灿烂的笑脸，我感觉自己做的事情十分的值得。本学期我担任了一个学期的摄影工作，在这期间，我记录了蓝灯大大小小的各种活动，充实的不只是我的相机还有我自己的内心。我觉得志愿者们会比我更加辛苦，我看到的是他们不厌其烦的面带笑脸的对待每一个有些小调皮的小朋友，有的志愿者被小孩子不小心打到了，也依旧去安抚小孩子的情绪，并没有丝毫不耐烦。这些都是我看在眼里的善意与爱心。也许，不了解的人会觉得那些小孩很麻烦，烦人。但在这一个学期后，我觉得这些特殊的小朋友，是这世界上最可爱的天使，每一次他们灿烂的笑容带给我们的都是心底的慰藉。我希望下学期我可以继续记录蓝灯的故事，与大家一起努力！

感想六十九

作者：聂雨欣

很高兴加入蓝灯志愿团。以前志愿者这个词对我来说很遥远，随着参加蓝灯活动的次数不断增加，我也在不断改变。蓝灯志愿团就是用艺术疗法来帮助那些自闭症儿童。他们都是有着缺陷但是非常可爱的孩子，因为身边也没有碰到过，直到参加活动每次和自闭症儿童接触，发现他们和普通孩子一样天真活泼，只是暂时失去了某种能力。小时候认为志愿者是像雷锋样为人民服务，到了大学才发现志愿团是一个集体。第一次在学校看到蓝灯的宣传时，当看到志愿者和自闭症儿童，心里的热情一下子被点燃了。然后我们每周都会有活动和小朋友接触，每次活动虽然很累但是看到小孩子的笑容心里也莫名很暖。让我印象最深的就是每次大活动所有志愿者都会参加，像感恩节、圣诞节这种，每次活动都会唱歌跳舞，既可以带动起气氛，又可以让小朋友们很开心。每次做游戏的时候，我们志愿者也会和小朋友们一起玩，这个时候感觉自己也特别开心。虽然上课的时候小朋友可能会有不听话的时候，但是最后大家都会相处得很融洽。

虽然是我们去帮助他们，但是我们也从他们那得到了理解，忍耐和爱。不可避免的相处关系让我明白了宽容与理解，无论别人用怎么样的态度，你都要放宽心去与他交流，小朋友都是非常天真可爱的。很感恩有这样的机会来参加活动，很感动遇见这群有爱的志愿者和可爱的小朋友，他们用淳朴善良吸引着我们，他们也值得被爱，相信不久他们也会和正常孩子一样去拥有生活，希望他们也可以健康成长，拥有一个美好的未来！

感想七十

作者：潘京彤

不知不觉中，这个学期很快就过去了。作为一名进入蓝灯宣传部的小干事，我参加了许多丰富精彩的志愿活动，那些大大小小的活动给我带来了一些特别感受。

在刚入蓝灯的时候，我去网上查找了有关自闭症的资料，当时只是特别片面的了解到了自闭症患者并为他们的生活感到不幸。我希望能够通过自己的一点帮助，来改善他们的病情。尽管力量不大，但力所能及也好。我为这个组织感到特别骄傲。因为我觉得这是一件非常有意义的事情，它能够给别人提供帮助。

在经历了不同大小的活动之后，我了解到，其实每一个孩子都很可爱，他们并不是我想象中那种孤傲的性格。他们其实很喜欢和别人玩耍，只是因为他们缺乏与他人沟通的社交能力。每个孩子病情的程度都不一样，在活动中，我带过不同病情程度的小孩，刚开始不是特别熟练，但每次都会和其他小伙伴一起带，那些小伙伴也给了我很大的帮助。也因为有时的工作是拍照，我会观察到每一个小朋友与志愿者之间的互动，然后会发现许多温馨的画面。小朋友们和志愿者们的笑脸让我毫不犹豫地想把那些最美的画面给拍照作为蓝灯活动的记录。

我希望通过我们所有人的努力，能够让这些"来自星星的孩子"的病情有所缓解，并能让他们变得更加幸福。也希望我们蓝灯志愿团变得越来越好，让更多的人去了解我们这个组织，让社会上越来越多的人去关注、理解并帮助他们。

感想七十一

作者：漆雨寒

你所清楚预见的、热切渴望的、真诚追求的、全心争取的，都会自然而然地实现。

——保罗·麦尔

其实在加入这个团体之前，实话实说，我是非常非常害怕和讨厌小孩子的，无论他们是柔软还是尖锐，活泼还是内敛，是湖水般漾澜的蓝色还是雾柔的粉色，在我眼里都是没有区别的。但不管是懂事乖巧的小孩，还是无理取闹的小孩，归根结底还是一个"小孩子"。

所以，真正的小孩子到底是什么样的呢？我想去看看，不能因为自己不喜欢就抗拒去看清他们到底是何样的存在，所以我加入了蓝灯，从另一个不一样的角度看看小孩子。他们被称为"星星的孩子"，即便他们与你近在咫尺，你也会觉得他们就像星星一样遥远，因为你完全无法走进他们的世界。他们的内心孤独无助，我和他们保持着安全距离，慢慢，从观察到小心地靠近，再到知道张开双臂去亲近，迎接他们，听他们说"谢谢姐姐"也不过才三个月的时间而已，他们跳着，笑着，在我的镜头中无忧无虑，只是这样，我都觉得很开心，之前一个星期的认真学习仿佛是为了他们这一刻甜甜的笑和暖呼呼的一声姐姐，一切都值得，人间有光。

感想七十二

作者：舒碧涵

大学期间，很荣幸地加入了蓝灯志愿团这个组织，这是我第一次当志愿者，没有经验，但又抱有期待，想与这些孤独症孩子们接触，去了解他们。

第一次活动是在大活动，他们就给我留下了极其深刻的印象。开始时还担心自己会和他们相处不来，其实也是我过于担心，在整个过程中我更多的是拍照工作，看着志愿者带小朋友玩，发现孤独症的孩子其实他们也只是个孩子，有着孩童的猎奇心理，有着孩童的纯真顽皮。刚开始时，可能大家还不够熟悉，小朋友也有一些特别的活泼，所以秩序有一点乱，但是活动在进行到后面的时候，就变得特别井然有序，小朋友也比较听话。

其实他们跟普通的孩子一样有着爱玩的特性，但他们却只将所有的欢乐和苦楚锁在自己的心中，他们不善与人交流，别人走不进，他们亦走不出。所以我觉得我们蓝灯志愿者们可以尽自己最大的努力，把快乐带给这些小朋友们，让他们在快乐游戏的过程中也可以学会一些生活常识和道理，这也是志愿者的初衷。

我觉得能够加入蓝灯真的是我的荣幸，每次的活动真的对我的成长帮助很大，我希望我们可以继续把爱心传递下去，帮助更多的星星找到属于他们的天空。

感想七十三

作者：邢伟

大一上学期有幸到蓝灯当志愿者，让大学生活变得更有意义，也让我体验到不一样的大学生活。

"蓝灯志愿团"是武纺另一道独特而绚丽的风景。志愿者再给孩子们带来服务的同时，也带去了一份温暖，让来自不同的家庭自闭症儿童感到了温暖。

我一开始会以为很简单，无非就是带带孩子，照顾照顾他们就可以了。谁知一切都不尽人意。第一次带孩子的时候，刚开始有点不是很明白自己要干什么，就会手忙脚乱，原因嘛？当然是不够熟悉了！当我参加完第一次大活动的时候，觉得很开心和这些孩子们相处。也许会有人认为，我们需要完成的工作很简单，是的是很简单，但简单里有不少的学问。每一个人看起来都是极其容易。起初我也是这样认为的，可工作不久后，我便有了新的想法，因为看似简单的事，做起来可不简单！

在做志愿者的这一个学期里，令我印象最深的就是在操场的那次大型活动，有一幕令我特别感动，当时我带的那个孩子躺在我怀里，那种感觉真的特别暖，每次听到那些孩子们叫哥哥的时候更是觉得很心疼他们，觉得自己做的一切都是值得的。

当遇到一些不听话的孩子时。我们需要用心去照顾他们，然后耐心地给他们更多的温暖、更多的爱。这是我们难得的社会经历，是我们在课上学习不到的。

在做志愿者的过程中，总会碰到各种疑难问题，这时候就该我们的部长出马了，部长总会十分详细地给我们解释。早上一来，她就会对我们笑着说："你们来了。"虽然做志愿者的时间不长，但也很感谢部长对我的关怀和帮助。

累并快乐着，这是我最大的体会。我们收获了快乐。虽然我们做的事情很小，但十分快乐。通过服务他人，自身也得到提高、完善和发展，在心灵上、思想上都得到了一次飞跃和提升。我认为志愿者服务不仅是帮助那些有需要的人，也帮助了自己，既然是服务社会，那就是传播爱心和温暖的途径。除了服务知识的积累外，还收获了经验的积累。在未来的几年，我要更加努力学习，长大服务于社会。曾经有人这样说过："小人物也能服务社会"不是吗？

感想七十四

作者：张凯琳

蓝灯志愿者是一个特殊的团体，它代表着一个乐于奉献，用心服务帮助自闭症儿童的团体。我是一名大一学生，能够参入这个团体我感到很荣幸，我将以一颗真诚的心去帮助他们。

大学生活动中心二楼，有着一缕特殊的风景，身穿武汉纺织大学蓝灯志愿团服装的二十多名青年志愿者来到教室，开始了九点半的蓝灯课堂执教。我们用大学所学到的知识，所了解的生活常识，通过玩小游戏和自闭症儿童们交流。在同样的教学环境中学习，玩耍。让我们所有的志愿者和小朋友体会到小小的快乐。

通过这个长期性的志愿者活动，我感受到了志愿者的热情，我们用真诚的微笑和诚恳的态度让小朋友得到了知识，让家长得到了放心，让我们得到了快乐。志愿者的一份微薄之力，创造着美好未来。团结在一起，心连心，手拉手，真诚的心，服务他人。将蓝灯的精神弘扬继承下去。

感想七十五

作者：宗琦

蓝灯志愿团是我校一个引以为傲的志愿团体，受到班助的推荐和相关信息的介绍，我决定加入蓝灯志愿团。在这个学期中，拍照和带小朋友我都有体验过。我带过的小朋友还都很听话，不吵不闹，也很配合我们上课。其实在生活中我不是很喜欢小朋友，总觉得他们很闹腾，有的时候还不讲道理。但是来蓝灯志愿团参加活动的小朋友们让我对此有所改观，他们真的特别听话而且特别可爱。从第一次不知道该如何跟小朋友交流到后来的渐渐和他们交谈上课，我觉得我自己得到了改变，成长了许多。

有很多过来人总说大学社团生活没必要、没意义、浪费时间。但是我觉得蓝灯志愿团不一样，不管每次活动你是什么职位什么身份，你都能有所收获。这是别人得不到的经验。

在蓝灯的日子里，也交到了很多朋友，宣传部也给了我温暖。希望蓝灯越来越好，咱们宣传部越来越好。下学期继续努力。永远年轻，永远感动，冲呀！

感想七十六

作者：殷至立

青春的列车，一直向前驶去，我们不能选择停留，但我们可以播下希望的种子。

本周活动的过程是和谐而又美好的。在玩耍的过程中，我们在不知不觉中逐渐和孩子们熟悉，逐渐获得了孩子们的信任。孩子们逐渐从初到陌生环境的不安，转变到了能够和志愿者们手挽手一起活动了。在这个过程中，我感受到了一股责任感，以及逐渐在心中泛起的成就感，这两种情感伴随着我们，也在不知不觉中逐渐影响到了孩子们。

我们志愿者之所以会组织这样的活动，不是为了能够立刻改变他们，让他们康复，而是要在潜移默化中逐渐培养孩子们适应社会的能力，在不知不觉中逐渐用自己的热心去感染他们。让孩子们知道，世界上是有人一直爱着他们的，这份爱意会永远伴随着他们的成长，他们不是孤独的。

时光匆匆流过，我很庆幸作为一名志愿者，我也很庆幸，今天能够参加这样的一个活动，这份经历我会一直牢记于心。

11.3　受助者感想

感想一

蓝灯的希望

2017 年开学，有幸来到了武汉纺织大学小课堂，第一次来的路上，碰巧遇到一起去课堂的一位家长，正好带着我顺利找到小教室，开启了第一次和哥哥姐姐弟弟妹妹们的互动游戏活动。有一次课上，哥哥姐姐们教弟弟妹妹们编织手工艺品（坐垫），大部分弟弟妹妹学会了，几天后完工，被回访母校的校友购买，挺有意思的。

课堂上的每次活动都充满了欢声笑语，一进教室，每个人的脸上都带着欢迎和接受的笑容，无论是不是第一次见，都会把新旧小朋友当作自己的亲人看待，互动活动就这样开始了。音乐课很简单，收获却不少，特别是边跳边唱边听，跳，如同做早操，锻炼身心；唱，如同学说话，把声音变得有力；听，感受声音带来的欢乐。对于画画，充满无限想象，无论简单复杂，都充满乐趣。游戏为大家带来很多笑声，笑声又能带来更多欢乐，每次活动都有许多收获和感触。

2017 年来到了大场地，举办年底的联欢活动，特别精彩，热闹非凡，蓝灯用喜庆的气氛迎接大家可爱的心灵。非常感谢哥哥姐姐们这一年来对弟弟妹妹们无私奉献的陪伴和教学，用蓝灯手心来滋润特殊孩子们的身心，用蓝灯教室来包容小朋友，用蓝灯的天空来照亮特殊孩子们的人生欢乐路。

2017 年已过去，但这一年蓝灯带来的欢乐时光会被保存在我们的脑海里，随着时间的推移依然记忆犹新，蓝灯志愿行，伴哥哥姐姐弟弟妹妹们同行，2018 年重新启航，欢乐时光，从蓝灯开始，蓝灯爱我，我爱蓝灯！

小武

感想二

善良，是世界上最美的成全，也是最好的投资，你给出了善良，一定会收获温暖。一个人的善良里藏着她的运气，在不可预知的未来，你所积攒的福报，往往会给你带来意外之喜。善良的人总是快乐的！让我们带着感恩的心感谢蓝灯组织者与参与者！大爱人生、真诚奉献、关爱他人！祝福蓝灯！祝福老师！祝福同学们！祝福所有的孩子们！

小宇妈妈

感想三

周老师对璇璇妈妈：

7年前，初见璇妈，家里一贫如洗，没有一件像样的家具，衣服都是用黑塑料袋装着的，6岁的胡璇在桌子上跳来跳去，状况令人揪心……这几年下来，璇妈努力奋斗、学习，从接受"鱼"到接受"渔"，现在走上了授人以渔的成长道路！从一个底层妈妈成长为一个特教工作者！助人自助！她的故事充满传奇色彩，就是放在圈中也是荡气回肠！如果拿到"大米小米"，也绝对是年度最感人星故事！

康乐家从创办初始起，走过了无数艰难时光，坚持再坚持才挺到今天，才有了现在的知名度，孩子也渐渐多起来。祝福璇妈！艰难困苦，玉汝于成！与诸君共勉！

感想四

孩子特殊，总免不了有些蹦跳哭闹。那么邻里关系该如何处理？群里一位家长讲述了搬新居以后因为孩子在家里跳，引来楼下邻居的不满和不理解问题，话题一开，家长们纷纷忆往事，谈经验。东东妈妈洋洋洒洒上千字讲述了她的经验。

2018年8月9日　赤壁　东东妈妈的感想

群里说到了孩子的行为，我想就这个说几句，群里也有很多有经验的家长，我就班门弄斧了啊。因为实在不忍心家庭处于这样的水深火热中。以我目前的认知能力简单说几句。说得不合适的可以帮我指出来，因为我们都是在不断的学习中，学无止境。

就目前看，这种行为已经严重影响了家人和邻居的生活质量，从行为管理学的角度来看，必须要花大力气干预了。孩子现在还小，不好的行为还没有长成"大树"，所以必须及时制止甚至是掐灭。当然我说的掐灭是要讲究方法的，不是一味地堵。障碍儿童最关键的是要做好行为管理，无论能力高低，试想，我们不会因为孩子学不会某句话而崩溃，这都是因为孩子的某些行为无法接受，当然如果有人说要接纳孩子的一切，我就无话可说了。

甄岳来老师说过，我们的孩子要做到好养好带，那行为管理必须是重中之重，先要做好强化物的管理，才能让孩子听我们的话。孩子不管要干什么，都得找大人，不然孩子就动弹不了。一段时间，你会发现孩子特别乖，每天自娱自乐的孩子眼里开始有了人。你不喜欢孩子在家里蹦蹦跳，哪怕吃东西的时候也让他好好坐着，才有好吃的好玩的。家长在家一定要建权柄意识。孩子喜欢跳，再另外安排他在该跳的地方和场所去做这些替代运动，比如在球场教孩子跑步、跳绳、拍球、滑梯等。

还有的家长说我孩子无欲无求，什么也不喜欢，那怎么办？我想出个损招，一天不给饭吃试试？也没有任何零食。只怕是到时候水都成了强化物还有的家长说，我还是会做很

— 150 —

多东西，但是不听呀，你叫他做他不做呀，这个又回到了行为管理，叫听指令也好，管理好强化物，上辅助，孩子按你的要求做了，要给大力的强化。秋爸爸说过，我们的孩子不是问题行为多，而是好的行为太少，所以，同时还要大量的教导闲暇技能。那有的家长会说我的孩子功能太低，什么也不会做呀，那我想说，我们能不能带着孩子一起做？我们做粘贴，孩子递一个剪刀，我们做好了再粘贴孩子直接贴上，还有能力更低的我可以辅助他贴上去，让孩子参与到我们的生活中来，设定一个目标，然后再慢慢地撤销辅助，交互的技能就要大力地强化，慢慢孩子会的东西多了，不好的行为自然会相应地减少，所以一定要把孩子的时间安排得满满的，不给他做这种坏行为的机会。

当然行为管理，也不是这样三言两语就能说得清楚的，毕竟专家讲行为管理也要专门讲几天。

有家长会说我一直陪着孩子呀，但是如果家长做家长的事，孩子玩孩子，这个，真的就只是陪伴着，因为家长没有和孩子发生交集呀。

当你不断深入的学习，ABA（应用行为分析）和行为管理，有一天你会明白这句话是真的太一针见血了。

后记：这样的群聊真的是很有用，发现问题，抛出问题，解决问题。这些经验之谈，都是家长们呕心沥血带娃的宝贵经验，需要消化、吸收并加以应用。我们的星家长都是在这样的坎坷之路上一步步成长起来。很感动抱团取暖的群聊还时时提供着正能量！

感想五

蓝灯活动课堂迎来了一位优秀妈妈——牛仔妈妈，牛仔妈妈通过在北京星星雨三个礼拜的结构化学习，回武汉后开始着手孩子的结构化教学，并指导一些家长组织设计课程，取得了一些成果。

2018 年 5 月 5 日　牛仔妈妈的讲座

大家好，我是牛仔妈妈，年初我参加了北京星星雨三礼拜的 TEACCH 结构化学习。感恩周老师的邀请，本周我将为大家带来分享，主题是：一般化生活与支援体系。牛仔是一个 9 周岁且发育商不到 23 分的男孩。同时我是一个职场白领，一个独自抚养孩子 9 周年的单亲妈妈。我愿意将所学的知识分享给大家，因为越分享越成长！也愿意分享一个妈妈 9 年的不离不弃与坚韧，因为分享会带给我前行的动力！因为我们会彼此温暖，照亮！期待与大家见面，也期待大家的鼓励！感恩！

牛仔妈妈在蓝灯周末课堂为参加蓝灯活动的家长们分享了结构化的基础知识以及如何在家中根据孩子的能力设计结构化课程。家长们都表示非常受益。

大家都对牛仔妈妈无私分享表示感谢，并希望蓝灯今后多多举办类似活动。

蓝灯人遵循"助人自助"原则，愿意多为家长们提供资源和平台，也希望有更多能人家长加入我们的平台，为家长们做分享。

感想六

一位自闭症患儿父亲的呼喊

我的儿子叫良良，现年27岁。27年来父母的辛酸苦楚，真是无法用语言来形容，头脑几乎麻木了，不知从何说起。1986年12月20日，助产医生一声惊喜"哎呀还是个儿子"，在场的人都高兴得不亦乐乎。1~2岁的时候，他也同正常孩子一样，有欢笑，有情趣，还会喊"爸、妈"，当时我们一家真是其乐融融。2岁之后，就发现别的孩子有些差异，似乎他仍在"原地踏步"，甚至倒退。

我们开始纳闷，总想解开这个"结"，于是我们开始了漫长的"寻医之路"。先是跑武汉所有大医院，结论都是"发育迟滞"，到了5岁后这个结论"不攻自破"，又上北京，下上海，到广州。记得良良5岁的时候，听说南京有家脑科医院较好，我们就千方百计想去看一看，那时仅靠我们微薄的工资，买车票都很困难，没办法只好搭熟人顺便车，车是晚上1点多到南京长江大桥。下车后由于人生路不熟找不着旅社，加上"囊中羞涩"，妈妈只好抱着小良良迎着咧咧的江风在大桥上不知走了多少个来回，后来实在是太困了，找了一家像仓库一样的旅社，花50元钱睡了几个小时，后来，玥良经医院诊断为"孤独症"。

孤独症是什么病当时谁也说不出一个"来龙去脉"，后来在报纸上看到北京有一家"星星雨"机构，我们到北京求助，机构讲可在他们那培训，这显然有些不可能，后来叫我们买了一本《孤独症儿童》的书，就无下文了。一路求医，一路无望，真有些"心灰意冷"。后来我们又从书中获知此病目前还无法治愈，就连病因也不清楚，只能通过训练矫正。如此心中又萌发新的梦想，上学训练。当时又没有"特教学校"，只有托人情找关系送到一所农村学校插班学习，条件是"不管学习成绩"，上学后多亏老师的关爱，读了一年半的书，当时进步很快，能写字，读课文，算算术，和同学一起玩。但美中不足的还是与其他同学交往有困难，有一次放学接迟了，一些孩子把他推到田里去，后来幸亏我赶到从田里将他抱起，否则真的不知怎样，当时我的心都碎了，也不好告诉老师，怕影响他继续上学，但后来换了老师，还是被迫"辍学"。没有办法只有爸爸讲数学，妈妈教语文，白天都要上班，只有晚上教，有时晚上加班就中断，虽说不正规对他还是有益的，通过学习他学会了小数、分数计算题和阅读课文，但终究难坚持，而不得不放弃，放弃后不但不再进步，反而倒退。玥良又开始不与人交流，不愿学习，还经常发脾气，甚至伤及他人。

后来我们通过武汉市自闭症亲友互助会开办的武汉纺织大学活动基地的活动，在武汉纺织大学蓝灯志愿者的帮助下，孩子各方面都有长足的进步，现在愿意和大家一起活动，学画画、唱儿歌，做游戏，为此我也想代表我们全家对纺大的领导、老师和志愿者表示万分的感谢。虽然我们伴随孩子一路走过，一路梦想，一路破灭，但我们梦想不灭，脑子里还有一个目前还"不现实"和"现实"的梦想。目前不现实的是，但愿医学有重大突破，治好天下所有的自闭症患者，让这些"星星"的孩子融于社会；目前现实的是，在党的领导下，在社会的帮助下，在家长们的努力下，为自闭症孩子及患者营造一个良好的环境及解决父母百年之后怎么办的问题。

良良父亲

2014 年 2 月

11.4　结语

2016 年 12 月作者受邀坐客"湖北之声今夜不寂"栏目就开展的"蓝灯行动"进行访谈，以下是访谈内容，我想以此来结束本书的内容，以此来明示十年来蓝灯的初心。

电台专访

听众朋友们大家晚上好，您现在收听的是"湖北之声今夜不寂寞"我是您的朋友旭宇，各位听众朋友们大家晚上好，我是你们的朋友熊峰，您现在收听到的也是湖北之声——今夜不寂寞打造的全民共创青春励志广播栏目创业同期声。

孙杰：大家好，我是来自武汉纺织大学的蓝灯志愿者团队，同时也是蓝灯志愿团指导老师，孙杰。

主持人：欢迎孙老师。这就是我们的爱心的爸爸，可以这么说吧，我觉得特别适合用爱心爸爸来形容你，因为我们更喜欢去歌颂母爱，忘了也有很多的爸爸们在为了他们的孩子贡献他们的力量。这一位爱心爸爸在通过他的爱在帮助我们身边那些来自星星的孩子。帮助他们走出自己的困境，能够融入我们的社会当中，和我们正常的孩子一样去享受童年，享受周围人的爱，享受正常的生活。所以今天会更进一步走入——爱心爸爸，来自星星的爸爸，孙杰，他的故事。那么要了解一个人啊，就要从最初他出发之前开始去了解他。当我们行走在路上，当我们遇到困难的时候我们就会回头去看我们当初为什么出发，当初出发时候的样子，所以在节目一开始想问一下，我们的嘉宾，孙杰老师，你出发时候的样子。我们就从大学时代开始去了解你。你大学时代是在哪个学校，学习的什么专业。

孙杰：大学时代我也是在武汉纺织大学度过的，学的是经济方面的专业。

主持人：您当时学的经济也是结合到纺织这一块吗？

孙杰：是的，也学了纺织这一块的原理。

主持人：为什么会选择这个专业，是因为喜欢这个专业，还是因为喜欢这个学校？

孙杰：因为考大学的时候刚好是加入世贸组织的那一段时间，那个时候是非常热门的一个专业。

主持人：这个专业都学什么啊？

孙杰：国际金融，国际贸易，还有国际商法等。然后我觉得我工作后还是比较好的运用到了经济方面的知识，也比较喜欢人际关系的交往。我在大学成立了一个社团，也是跟人际交往有关系的，成立了舞蹈协会。

主持人：那你当时还是一个多才多艺的学生啊。

孙杰：后来我们接触到的很多小孩子，我们可以跟他们一起唱歌跳舞，这样更有优势。

主持人：之后在和自闭症的孩子学习交流中有用到之前的经验吗？

孙杰：对，包括我们在带志愿者团队的时候，为了加强团队的凝聚力，也会带他们唱一些励志的歌曲，跳一些励志的舞蹈，这样他们也能非常的热情活泼，带动小孩子。本来自闭症儿童比较孤僻，志愿者的热情像一把火一样把孩子们点燃，我们是非常高兴的。

主持人：其实唱歌跳舞都是解放天性重要的一环，只有志愿者释放热情，才能去帮助那些孩子们。那么大学期间你是一个什么样的人，到现在你有没有什么变化？

孙杰：我是一个乐天派吧，人家给我起的外号叫作"苹果王子"，因为我经常吃苹果，学了心理学才知道，苹果是让人开心的水果。大学校园是人们向往的象牙塔，也是非常热情活泼的，也是开放的，我扎根的校园是非常让人开心的。

主持人：你当时有对未来的设想吗，大学时候对未来的设想是什么？

孙杰：当时觉得一定要当一个老师，我记得教学楼门口有一句话叫作：学高为师，德高为范，我一直把这个作为自己的座右铭。

主持人：喜欢老师的那种光环，想把知识传授给学生，特别棒。

孙杰：启蒙他们，十年树木，百年树人。

主持人：那你目前带过几届的学生了。

孙杰：算毕业生的话，带了七八届。第一届是从2003年到2007年。很多2003级的学生还比我大，他们很多人后来也当了老师。

主持人：在面对学生年龄比你大，有没有遇到年龄上的不理解。

孙杰：有的。我看过一部电影，叫麻辣教师，年轻的时候觉得老师是泼辣的雷厉风行的，所以我们有时候处理问题时会风风火火一点，他们会觉得不够圆滑。我算是摸着石头过河。

主持人：这是我们了解到的你当老师后的体会，想问一下，你真正当老师后，和梦想当老师时，有什么差别？

孙杰：我自认为口才还不错，但是在真正上三尺讲台前，花了很久去准备。台上一分钟，台下十年功。初为人师的时候，很紧张，讲完一节课就很不容易了。

主持人：在你当老师的时候，有没有一届学生特别让你记忆犹新的？

孙杰：我带的第一届吧，这一届是交情最深的。

主持人：那你当老师多久之后，开始转变成来自星星的爸爸的角色呢？

孙杰：2004年的时候开始接触特殊儿童，当时也是志愿者去联系的。当时我们去了武汉市第一聋校。后来学了教育心理学，就开始研究儿童的发展发育的过程。一直到2014年，真正地接触到自闭症儿童，而且在第一次课的时候，他们做了一束手捧花送给了我。我觉得非常感动。

主持人：我们想要孙老师讲一下自闭症儿童是一个什么样的情况，第一次接触是什么感受？

孙杰：很多都是妈妈在孕育中发生了问题，也有环境污染。（自闭症）一个是病因不明，二个是无法治愈，现在筛查都查不出来是否有自闭症。很多家长开始没有认为这是自闭症，最好的治疗时间就此错过了，等家长意识过来时，就很难治疗了。我认为自闭症儿童有他们自己的世界，他打招呼的方式和别人不同，但并不代表他不认识你，对你没有内心活动。比如我接触到的一个自闭症男孩，他一定要打我，家长解释说他一定要表达出他对你的热情。

主持人：从孙老师的讲述中我们了解到，自闭症孩子和一般孩子从内在来说没有什么区别，都有自己的世界和幻想。自闭症孩子的家长们，可能分为两种：一种是刚发现自己的孩子有自闭症，另一种是已经习惯了和孩子有交流了，遇到了自闭症家长该怎么和他们交流呢？

孙杰：我们在每周六都会和自闭症儿童开展艺术课堂，我们的志愿者给孩子们上课，我就和家长们聊天，我们给他们开了舞蹈课，后面还会开设编织课。有一个白发苍苍的家长，他的孩子比我小不了几岁，他带他的孩子很多年了，已经到了恒定期。家长们还有一种愤怒源于社会不理解他们的孩子，他们也会互相倾诉。但是我觉得这个社会是包容的，应该把所有人包容进来。

主持人：如果自闭症孩子发现得早，治疗积极的话，成年之后会达到什么样的状态？

孙杰：我们有康复的孩子后来去做交通维护的工作的，他经常来我们学校，每个节假日都会给我发微信。所以治疗的早的话，社会的功能，是可以完善的。

主持人：可能只是说话方面有一些障碍。

孙杰：可能语言上有障碍，文字上可以正常沟通，外表上也看不出来。

主持人：那这个孩子你们接触了多久？

孙杰：六年多，他的变化是非常大的。

主持人：六年前，发生了什么，让你创办了蓝灯志愿者团队。

孙杰：最初，是有一个老师，她的孩子是自闭症，有时候会带孩子来办公室，慢慢地，学生们开始关注这样的群体，后来发现这样的群体非常多，并且国际上是百分之十的速度增长。我们的团体从那时候开始（创办），从一开始的三五个人，逐渐扩大，成立了基地，还有高校过来学习，然后（他们）也有了自己的团队。

主持人：我们都知道这是公益组织，意味着没有赚钱的职能，那该怎么维持呢，维持是需要经费的，比如要参加公益创业的比赛得到奖金，或者是爱心人士的捐款，有出现过难以为继的窘境吗？

孙杰：是有过的。我们做公益的，是非常有热情的，我们的志愿者充分发挥了志愿者精神，为我们减轻了很多压力，也得到了学校的支持，让我们平稳地发展下去。

主持人：要感谢不计回报的志愿者，还有学校的支持，还有孙老师，才能让蓝灯走下去。

孙杰：一路陪伴，感谢有你，可能我们陪伴不了他们多少年，但是我们这个群体，可以陪伴他们一辈子，我相信会有越来越多的群体陪伴他们。

主持人：这群特殊的孩子都有第二个爸爸，孙老师，在外面有一群特殊的孩子，在家里也有自己的孩子，但是你周末要陪伴自闭症的孩子，把陪自己孩子的时间都给了其他的孩子。

孙杰：我会带着我的孩子在旁边，她也能很好地融入进去，我觉得做公益不仅我一个人，还有全家人一起做公益。

主持人：非常让人感动。

孙杰：实际上能做这些得益于家里人的支持。

主持人：有什么对家里人说的吗？

孙杰：王老师辛苦了，小乖小志好好成长，感谢家里人的支持，我们要有正能量才能带动别人，希望做公益的朋友们家庭能幸福，感谢所有支持（蓝灯志愿团）的朋友们。

参考文献

[1] 朱晓红. 公益创业理论与实践 [M]. 北京：知识产权出版社，2016.

[2] 比勒费尔德. 公益创业：一种以事实为基础创造社会价值的研究方法（引进版）[M]. 徐家良，谢启秦，卢永彬，译. 上海：上海财经大学出版社，2017.

[3] VOLKMANN CK，TOKARAKI KO，KATI E，et al. 社会创业与社会商业：理论与案例 [M]. 黄琦，译. 北京：社会科学文献出版社，2016.

[4] 侯玉兰. 社区志愿服务理论与实务 [M]. 北京：中国社会出版社，2009.

[5] 杨团. 慈善蓝皮书：中国慈善发展报告（2018）[M]. 北京：社会科学文献出版社，2018.

[6] 吴东明，董西明. 非营利组织管理 [M]. 北京：中国人民大学出版社，2003.

[7] 张远凤. 社会创业与管理 [M]. 武汉：武汉大学出版社，2012.

[8] 何健. 大学生公益创业教育体系的构建研究 [D]. 长沙：湖南大学，2009.

[9] 霍华德·H. 斯蒂芬森，迈克尔·J. 罗伯特，H. 欧文·格劳斯贝科，等. 企业风险与创业家 [M]. 北京：机械工业出版社，1998.

[10] 郁义鸿，李志能，罗伯特·D. 希期瑞克，等. 创业学 [M]. 上海：复旦大学出版社，2000.

[11] 杰斯汀·隆内克，卡罗斯·莫尔，威廉·彼迪. 创业机会 [M]. 郭武文，译. 北京：华夏出版社，2002.

[12] 陈劲，王皓白. 社会创业与社会创业者的概念界定与研究视角探讨 [J]. 外国经济与管理. 2007，29（8）：10-15.

[13] 唐亚阳. 公益创业学概论 [M]. 长沙：湖南大学出版社，2009.

[14] 严中华，杜海东，孙柳苑，等. 社会创业与商业创业的比较研究及启示 [J]. 探索，2007（3）：79-82.

[15] 何燕. 公民社会理论视野下的中国转型期国家与社会关系的构建 [D]. 广西：云南大学，2002.

[16] 张红漓. 以创新所有制制度促进可持续发展 [J]. 农村经济与科技，2010，21（8）：68-69.

[17] 黄中伟，王宇露. 关于经济行为的社会嵌入理论研究述评 [J]. 外国经济与管理，2007，29（12）：1-8.

[18] 林如海，彭维湘. 企业创新理论及其对企业创新能力评价意义的研究 [J]. 创新管理，2009，30（11）：118-121.

[19] 严中华，杨丽，杜海东，等. 英美公益企业发展的比较研究及其思考 [J]. 技

术经济与管理研究．2008（2）：36-38.

［20］赵莉，严中华．国外社会企业理论研究综述［J］．理论月刊，2009（6）：154-157.

［21］王小林，王丽华．社会企业创业的国际经验与启示［J］．中国科技成果，2008（12）：35-37.

［22］王坤，杨敏．社会创业的含义及主要构成：一个 4P 框架［J］．出国与就业，2010（6）：51-52.

附录 1 获奖情况

2019 年　湖北省志愿服务公益创业大赛金奖

2019 年　湖北省第五届"互联网+"大学生创新创业大赛铜奖

2019 年　武汉市"互联网+"大学生创新创业大赛三等奖

2019 年　湖北省暑期"三下乡"社会实践活动先进团队

2018 年　中国志愿服务项目大赛金奖

2018 年　全国志愿服务优秀项目入库奖

2018 年　湖北省"创青春"创业竞赛银奖 1 项

2018 年　湖北省"互联网+"大学生创业大赛铜奖

2018 年　第三届湖北青年志愿公益项目大赛金奖

2018 年　全国大学生公益创业赛 20 强

2018 年　阿克苏中国大学生社会实践公益银奖

2017 年　全国志愿服务示范项目提名奖

2017 年　中国大学生社会公益 MCA 特别奖

2017 年　中国大学生社会公益最佳故事分享奖

2017 年　全国纺织类高校大学生创新创业大赛三等奖

2017 年　湖北省志愿服务示范项目

2017 年　湖北微善团队

2017 年　湖北省本禹志愿服务队

2017 年　第三届湖北青年志愿公益项目大赛暨湖北青年公益创业专项赛优秀奖

2017 年　湖北省暑期社会实践先进团队

2017 年　武汉市家公益大赛最具创意奖

2017 年　洪山区十佳志愿服务项目

2016 年　中组部、中宣部、中央文明办、民政部、团中央首届"四个 100"评选活动——全国最佳志愿服务项目，并作为湖北唯一一代表进京参加全国学雷锋推进会，受表彰

2016 年　第二届中国青年公益创业大赛银奖

2016 年　湖北微善团队

2016 年　武汉市"本禹志愿服务队"

2016 年　洪山区"十佳志愿服务队"

2016 年　洪山好人

2015 年　第二届中国志愿者服务项目大赛银奖

2015 年　全国高校关工委十大品牌社团指导类优秀案例

2015 年　中国杭州大学生创业大赛三等奖

2015 年　全国大学生自强之星提名奖

2015 年　湖北省"挑战杯"大学生课外科技学术作品竞赛二等奖

2014 年　全国"创青春"大学生创业大赛公益创业赛银奖

2014 年　湖北省"创青春"大学生创业大赛公益创业赛金奖、最具潜力奖

2014 年　湖北省人道公益大赛第一名、优秀团队奖、优秀组织奖

2014 年　湖北省暑期"三下乡"社会实践活动优秀团队

附录 2　宣传报道

蓝灯新闻报道目录

1. 2013 年 3 月 24 日　《楚天金报》（纺大"蓝灯小组"照亮"星星的孩子"）
2. 2013 年 3 月 24 日　《武汉晨报》（纺大 800 余大学生接力守护"星星的孩子"）
3. 2013 年 3 月 24 日　《楚天都市报》（大学生"蓝灯行动"照亮自闭症儿童）
4. 2013 年 3 月 24 日　《长江商报》（大学生"蓝灯行动"小组，自闭症孩子变得自信了）
5. 2013 年 3 月 25 日　人民网（纺大"蓝灯行动"照亮"星星的孩子"）
6. 2013 年 3 月 25 日　《武汉晚报》（"蓝灯行动"照亮"星星的孩子"）
7. 2013 年 3 月 25 日　长江网（大学生关爱自闭症儿童 用色彩解开他们的孤单）
8. 2013 年 3 月 27 日　中国教育新闻网（武汉纺织大学"蓝灯行动"照亮自闭症儿童）
9. 2013 年 4 月 1 日　新华网（武汉纺织大学"蓝灯行动"帮助自闭症儿童）
10. 2013 年 4 月 2 日　《湖北日报》（用爱照亮孤独的心灵——武纺大志愿者关爱自闭症儿童活动记）
11. 2013 年 4 月 2 日　现在网（武汉纺织大学牵手植物园 点燃蓝灯传递爱心）
12. 2013 年 4 月 2 日　《湖北日报》（"我们更为他们的未来担忧"）
13. 2014 年 4 月 14 日　长江网（纺大"蓝灯行动"照亮"星星的孩子"）
14. 2014 年 6 月 3 日　《长江商报》（纺大学子自创艺术疗法帮自闭症儿童学会沟通）
15. 2014 年 6 月 3 日　湖北之声（青春创业的困惑和启示）
16. 2014 年 6 月 3 日　湖北卫视帮女郎（崔永元来汉为大学生创意点赞）
17. 2014 年 6 月 3 日　汉网（湖北省首届大学生人道公益创意大赛落幕）
18. 2014 年 6 月 3 日　《武汉晚报》（自闭症孩子的绘画课）
19. 2014 年 6 月 3 日　《湖北日报》（大学生人道公益创意大赛揭晓）
20. 2014 年 6 月 20 日　中国红十字会（公益项目的"优生优育"）
21. 2014 年 7 月 3 日　荆楚网（梁晓朵：为自闭症儿童点起一盏"蓝灯"）
22. 2014 年 7 月 16 日　人民网（武汉纺大蓝灯行动携手五国志愿者助力星星的孩子）
23. 2014 年 7 月 20 日　武汉文明网（武汉"蓝灯志愿团"陪自闭儿童过暑假）
24. 2014 年 7 月 22 日　《武汉晚报》（陪自闭儿童过暑假）
25. 2014 年 9 月 10 日　《湖北日报》（当火热的青春遇上火热的季节）
26. 2014 年 9 月 25 日　《中国教育报》（武汉纺织大学志愿者关爱自闭症儿童小记）
27. 2016 年 2 月 23 日　《楚天都市报》（纺大"蓝灯"照亮"星星的孩子"）

28. 2016 年 3 月 6 日　新华网（新华楚评：让雷锋精神永驻大学校园）

29. 2016 年 3 月 6 日　《人民日报》（志愿者在行动 雷锋从未远去）

30. 2016 年 3 月 10 日　《湖北日报》（蓝灯志愿团：帮助自闭症儿童走出孤独）

31. 2016 年 4 月 1 日　《中国教育报》（我和"星星"有个约会）

32. 2016 年 4 月 27 日　武汉文明网（"四个 100"志愿服务项目——蓝灯志愿团关爱自闭症儿童"蓝灯行动"）

33. 2016 年 5 月 23 日　《中国教育报》（"馨衣行动"关爱自闭症儿童）

34. 2016 年 11 月 2 日　《中国青年报》（"美在纺大"——构建"崇真尚美"的校园文化）

35. 2016 年 12 月 7 日　《武汉晨报》（纺大"蓝灯行动"获第二届中青公益创业大赛银奖）

36. 2016 年 12 月 8 日　光明网（纺大"蓝灯行动"获第二届中国青年公益创业大赛银奖）

37. 2016 年 12 月 2 日　《中国教育报》（破解"两张皮"下好"一盘棋"）

38. 2017 年 2 月 17 日　《湖北日报》（武汉大学生志愿者为星的孩子点亮蓝灯）

39. 2017 年 3 月 6 日　《湖北日报》（为"星星的孩子"点亮心灯）

40. 2017 年 4 月 10 日　《楚天都市报》（"星星的孩子"为父母献上珍贵的礼物）

41. 2018 年 4 月 2 日　青网湖北（纺大蓝灯志愿者将扎染课堂搬进康复医院）

42. 2018 年 7 月 25 日　《湖北日报》（点亮蓝灯，星星的孩子不孤单）

43. 2018 年 12 月 5 日　《中国青年报》（第四届中国青年志愿服务项目大赛全国赛金奖项目名单）

44. 2018 年 12 月 17 日　搜狐网（2018 年优秀志愿服务项目分享交流会圆满结束！）

45. 2018 年 12 月 21 日　搜狐网（希望岛特殊教育携手蓝灯志愿团，为特殊儿童带来冬日温暖）

46. 2019 年 7 月 20 日　中国教育在线（武汉纺织大学志愿者结对医护专家开展暑期社会实践活动）